我
们
一
起
解
决
问
题

抢救茧居族

ひきこもり脱出支援マニュアル

青少年社交恐惧症
家庭治疗实务指南

[日] 田村毅 著

孙美玲 译
张海音 审校

人民邮电出版社

北京

图书在版编目（CIP）数据

抢救茧居族：青少年社交恐惧症家庭治疗实务指南 / （日）田村毅著；孙美玲译. -- 北京：人民邮电出版社，2018.10
ISBN 978-7-115-49348-4

Ⅰ. ①抢… Ⅱ. ①田… ②孙… Ⅲ. ①青少年－心理交往－指南 Ⅳ. ①C912.11-62

中国版本图书馆CIP数据核字(2018)第208696号

内 容 提 要

近年来，在发达的科技背景下，出现了一群生理毫无异常，却足不出户、逃避社会的人。他们之中有青少年，也有成年人，这群人被心理学界称为"茧居族"。

他们的家人无法理解他们的行为，父母既担忧又自责；当事人也懊恼自己无法克服对人际互动的恐惧，深受茧居状态之苦。由于茧居不是疾病，药物对其没有效果，这时心理咨询以及家人的信任与鼓励，就成为帮助当事人走出茧居状态的关键。

本书作者田村毅为专攻家庭治疗的日本著名精神科医生，他依据多年的个案经验发现，家庭治疗是协助茧居者和社交恐惧症患者的关键方法。本书以丰富的案例与平易近人的问答形式解释了为什么孩子会成为茧居族，为什么父母的力量会僵化停滞，又该如何应用家庭的力量，社会能提供哪些支持，以及在亲子关系中代表威严的父亲这一角色该如何发挥作用，才能让茧居者恢复自信、让整个家庭更为和谐。

本书适合有社交恐惧问题的人群尤其是青少年及其家人阅读，也适合致力于学习家庭治疗的心理咨询师、心理学专业师生以及其他心理从业者学习。读者在阅读后会发现，一个家庭所包含的力量将有益于每个人的人生。

◆　　著　　［日］田村毅
　　　　译　　孙美玲
　　审　　校　张海音
　　责任编辑　姜　珊
　　责任印制　焦志炜

◆ 人民邮电出版社出版发行　　北京市丰台区成寿寺路 11 号
　　邮编 100164　　电子邮件 315@ptpress.com.cn
　　网址 http://www.ptpress.com.cn
　　北京天宇星印刷厂印刷

◆ 开本：700×1000　1/16
　　印张：16　　　　　　　　　　　　2018 年 10 月第 1 版
　　字数：200 千字　　　　　　　　　2025 年 7 月北京第 16 次印刷
　　著作权合同登记号　图字：01-2017-7478 号

定　价：65.00 元
读者服务热线：（010）81055656　印装质量热线：（010）81055316
反盗版热线：（010）81055315

何谓家庭治疗

我家孩子很久以前就开始茧居①在家了。

如果平时什么都不说，也不谈这件事，那还能就这么"安稳"度日。

一旦我们提到"将来如何如何"之类的话，他就会变得烦躁，暴跳如雷。

这些年他已变得什么都不说了，到底该怎么办才好？

我是一名精神科医生，同时也是一位家庭治疗的专家，有很多茧居族的家人找过我咨询。

茧居族的家人会在很长一段时间里都处于迷茫状态，他们会努力帮助茧居者，但是并没有什么成效。他们并不知道自己的孩子为什么茧居在家，更不知道作为父母他们应该怎么做。既然什么都做不了，那么很多人自然也就放弃了。

我写这本书的主要目的就是想告诉茧居族的家人，

———————————

① 本书讨论的主题，其具体含义是指一个人像蚕一样把自己封闭在家中，不愿融入社会，不愿接触他人，更不能进行正常的社会交往。因茧居而造成的心理疾病已成为日本等国家的一大社会问题。——编者注

其实他们能做的事情有很多。不要放弃，坚持下去。本书将向茧居族的家人传授如何振作起来、如何找回自信以及如何更加了解孩子的方法。其实对茧居族而言，家人有着巨大的支撑力。家人要灵活运用这种力量。如果积极主动地去了解孩子，那么孩子也会振作起来，逐渐从茧居状态中解脱出来。

作为一名精神科医生，在这三十年间，我一直在做有关茧居族及其家人的研究。起初，我不怎么用"茧居族"这样的称呼，因研究对象的年龄大多集中在十几岁，所以一般只会用"拒绝去学校""不上学"或者"对人感到恐惧"等来形容他们。当时我并没有将茧居族当成精神疾病患者来看待。事实上，茧居族和以往我们所说的精神病患者也确实有明显不同。我现在所在的研究团队，很超前地对这个问题进行了研究与分析，经历了许多的尝试和错误，一路走到了今天。

日本国内的茧居人数已达 70 万，也有数据表明已经达到 100 万。回顾这三十年，茧居族的特征也逐渐有了新的变化。以前是以初中生和高中生为主要群体，可是最近茧居族的年龄层逐渐升高，包括 20 多岁的人和 30 多岁的人，甚至不乏 40 多岁的人。从前茧居的年轻人多会把脾气发在家人身上，但是这类人的数量在渐渐减少。然而现在他们会把压力发泄在自己身上，会做出割腕、大量服用药物甚至自杀等自我伤害的行为。以前母亲前来咨询的占多数，现在来做咨询的父亲的数量也逐渐增多。尽管有了上述变化，但茧居人群的基本特征始终没有改变。

这群人每天都待在家里，睡到自然醒，困了随时睡，只做自己喜欢的事情，周围的氛围看起来一片祥和、轻松。然而他们的心是完全被禁锢住的。他们失去了与人交往的勇气，内心充满了看不见未来的不安，每天都苦恼地活着。茧居族的父母也是处境艰难，身边的人都在责备他们，责备他们的管教方法和干涉方式有错，而且在被其他人责备的同时，作为父母，他们会感到深深的自责。夫妻之间互相责备、互相伤害的事情也经常发生，到最后逐渐迷失在与孩子相处的方式上。其结果就是，父母失去了与孩子相处的自信；与此同时，孩子也失去了融入社会的自信。如此一来，父母和孩子都会陷入自卑与失望之中。如何才能切断这个恶性循环，让茧居族的家人和茧居者都能振作起来呢？为了追寻答案，我去英国伦敦学习了三年的家庭治疗。

茧居族在全世界都普遍存在，但是唯独日本的茧居族的数量已经多到能成为重大的社会问题。韩国的茧居族也在一定程度上成了社会问题，但是，其在数量上远远没有日本多。茧居族也影响着社会的正常运转。和美国的个人主义比起来，日本社会的群体意识很强，人们在学校和公司中寻找自我定位，察言观色，按照他人的眼色行事。日本社会忌讳特立独行、我行我素，人们更乐意融入集体之中。于是，中上阶层家庭的教育目标普遍很高，会让孩子接受良好的高等教育，以便其将来能进入大型机构。这些事情所带来的压力都会使处于青春期的孩子情绪极不稳定。

另外，在日本，父母与孩子之间的羁绊是有着很深的文化根源的。一旦孩子出错，父母为了掩盖孩子的问题便会迅速出来承担责任，而孩子无论什么时候都不会主动承担责任。父母会去承担孩子应该承担的责任，孩子长大以后，父母也会继续照顾孩子，其结果就是，茧居族的种子在日本文化中生根发芽，最终一发不可收拾。和国外的家庭相比，日本的这种家庭特征是很常见的。回国以后，我在大学任教，同时也更加深入地进行有关青春期精神科临床方面的研究。那时我已经是三个孩子的父亲了，而现在我也即将迎来他们的青春期。我的心情也和家中有青春期孩子的父母一样，深刻地体会着与孩子们相处是多么让人悲喜交加。

我结束了 19 年的大学教师生涯，以茧居族为主要临床研究的对象，开始经营起个人诊所。大学教授虽然是很有价值的工作，但是，我意识到要想充分而灵活地发挥自身的能力，那种更能触碰人心灵的心理治疗更适合我。为了从事自己最想做的工作，我选择了辞职。

日本的精神科治疗方法有很多问题。因为医生没有充分的时间与患者进行谈话治疗，所以就以药物治疗为主。我在年轻时也尝试过药物治疗的方法，但现在上了年纪，不再想用同样的方法了。为了能够有充足的时间，不慌不忙地进行谈话治疗，我的经营方式便不依靠医疗保险，以便能自由地协调治疗时间，和每一位患者都面对面慢慢地进行治疗，和患者的家人讨论更加深刻的话题。虽然最近采纳自由治疗的精神科诊所逐渐增多，但是与美国比起来还是少得可怜。心理咨询这种文化还没有在日本扎根。

说得绝对些，我认为精神药物是不能治好茧居患者的。在帮助茧居族这一点上，我们只能帮助患者及其家人找出患者症状背后隐藏着的统合失调症和自闭症等疾病和缺陷，把它们加以严格的区分。对于茧居族来说，与其让他们吃精神药物，还不如做心理咨询，或是融入社会（如去就业、去上学），自然而然地接受来自社会的帮助。家人的支持也是不可或缺的部分。

三十年间，社会对茧居族的了解在逐渐加深，各种各样的机构部门也开展了针对茧居族的救助，这本书在第四部分会对此详细讲述。合理地运用相关机构部门的救助政策，可以帮助茧居族重新融入社会。

有时，茧居者会拒绝与社会中的其他人有关联，甚至连援助也不愿意接受。茧居者的家人也不愿意面对孩子的问题，他们会感觉丢脸，不想把自己的想法和心情告诉他人。想要去帮助他们，确实面临各种困难，所以我想通过本书来介绍有针对性的家庭治疗方法，为他们提供帮助。

所谓家庭治疗，是一种较新的心理治疗方法（心理咨询），在 20 世纪 70 年代从美国推广开来，但它在日本并没有得到很好的普及。一般的心理咨询仅面对个案，但是家庭治疗面对的是多个互相关联的个案，对于心理咨询师来说，家庭治疗是有一定的技巧难度的。家庭治疗很容易引发患者家人的反感，人们通常会认为茧居这件事情本身是茧居者的问题，为什么非要家人一起参与不可呢？这么做会让他人认为这个家庭本身就有问题，所以才会采用这种治疗方法。很多人对家庭治疗产生了诸如此类的误解。

实际上，和大家所想的正好相反，家庭治疗不是要追究家人的责任，也不是要对整个家庭的问题进行治疗。这世上并没有十全十美的家庭，所有家庭都有着或多或少的问题，这实属正常，完全没必要把解决家庭问题当成家庭治疗的目标来看待。每个家庭虽然都有着各种各样的负面问题，但是同时也拥有克服困难的力量，我们把这种力量称为"复原力"。家庭治疗不是只关注负面问题，而是在努力强化家庭内部的潜力，将积极的部分发挥出来，想办法让家庭能够凭借自身的力量解决问题。

家庭治疗把重心从个人转移到人与人的关系上，这是一个 180 度的大转变。像认知行为疗法、精神分析疗法、患者中心疗法等这些普遍的心理咨询理论，焦点都是针对个人的：患者本人是否隐藏着什么精神疾病、思考过程是否有所扭曲、过去是否有过心灵创伤、在自信心和独立性方面是否正常发展，等等。而家庭治疗不会对患者本人的内心世界进行强制剖析，而是将关系（即人与人之间的联结）作为焦点来进行援助治疗。

人，无法离群索居，喜怒哀乐皆从人与人之间的关联中应运而生。而茧居族的状态则是失去了这种与人交往的动力，其家人也同样不能很好地与他们相处。家庭治疗就是为了帮助一家人都找回与人相处的动力。只要家人和茧居者能好好相处，那么茧居者也就能很好地融入社会。特别值得关注的是父母和孩子之间的关系。孩子在转变成大人的过程中会经历青春期，会逐渐抛下对家的依赖，转变为独立生存的大人。然而茧居就是因为孩子未将依赖心理顺利转变为自立自信，茧居族没有顺利地转变成大人。家庭是有生命的，是由每个家庭成员组成的活跃有机体。结婚使得新的家庭诞生，经历生子和育儿，不论是孩子的哺乳期、学龄期还是青春期，都是一个家庭成长的历程。如果家庭的成长僵在了某一个点上且运转不顺利的话，那么整个家庭都会土崩瓦解。这一症结到底在哪里，把它找出来、解决掉，家庭就能够顺利地继续运转了。

人一生可能要经历不同的家庭，如孩提时代和父母及兄弟姐妹一起生活的家庭（原生家庭），结婚之后为人父母的家庭。或者，离婚、再婚的家庭以及不结婚和不生孩子的家庭。现在的家庭趋于多样化。这些家庭没有好坏之分，家庭对每一个人的人生都有着重要的作用，这一点是不会改变的。

美国的家庭治疗医师肯·哈迪（Ken Hardy）说过："家庭是幸福的养料。"对于我们来说，家庭是幸福的源泉，而家人给予了我们活着的喜悦与活着的价值。但是，家庭也是不幸的源头，存在着难以解决的问题，人会因此失去希望，日夜苦恼。希望是什么？希望就是对未来生活肯定的预期心理。谁都不能够准确地预见未来，但是，人们只有想着明天一定会有好事情发生，才能充满期待地活着，虽然这份期待很模糊，但是它给了人继续活着的希望。失去了这种希望，人便掉入了绝望的深渊。如果对未来的预测都是糟糕的，那么人就会失去活着的意愿，心如死灰。

茧居族的家人因看不到孩子的未来而失去了希望。其实，家人之间还是拥有很深的感情的。所有家庭的组建都是基于人们对未来抱有很大的希望，认为未来一定是幸福的，但为什么这种喜悦就这么消失了呢？原因就在于，家长期盼孩子幸福，觉得这份幸福是自己与孩子联结的纽带，正因为如此，在孩子不成功、不幸福的时候，整个家庭才会如此苦恼不堪。

如果家人之间没有爱，那么也就不会有所谓的苦恼存在。实际上，这就是问题的症结所在。我们要让茧居的人好好地面对父母的苦恼，好好地为家庭着想。因此，家庭和茧居者本人都需要共同参与治疗，一起解开心结，这就是家庭治疗的奥秘所在。

在希腊神话中，潘多拉的盒子是绝对不能打开的。打开以后，疾病、偷盗、嫉妒、憎恨等所有邪恶都会从盒子中飞出来，最后留在箱子里的就是希望。长时间失去希望，再想将隐藏在心底的希望挖掘出来是一件很难的事。要想和自己、家人坦诚相待，就不得不从根本上找回自己，而为了找回自己就要有足够的勇气和信任。

家庭治疗首先要让家人与心理咨询师建立牢固的信赖关系。与人相处是一种负担，同时也是一种享受。只有这样，才能逐渐地把家庭的箱子打开，把里面的不安和烦恼都赶走，将最深处的希望引出来，父母便能够顺利地和孩子重新建立关系，也能够让孩子找到与人相处的乐趣。

接下来，介绍一下本书的使用方法。

本书以回答茧居族家人的问题为主要形式，对家人与孩子之间的关联进行说明，进而帮助读者理解茧居族。书中插入的专栏不会对任何问题进行删减。我希望尽量用通俗易懂的话语来讲解。

引言部分，介绍了茧居族太郎的五次心理咨询情况，讲解了家庭心理咨询师是如何开始接触问题的，经过是怎样的，又是怎样解决问题的。

第 1 章，为了理解茧居族，我会将孩子们的内心成长作为基础来进行解说：孩子们的内心有什么样的特征，在青春期孩子是如何转变成大人的；如果孩子未能顺利转变成大人，那么又是什么原因导致其变成茧居族的。

第 2 章讲述了家庭失去活力的主要原因，对"家族的症结"进行说明。没有一个家庭成员有错，但如果运转时其中有一个环节出错，就会波及整个家庭。我会针对这种情况加以说明。

第 3 章将具体说明如何让家庭恢复活力。我会和大家一起探索所谓家庭的力量到底是什么，让人们理解一直以来隐藏在家庭里的真正力量。

第 4 章概括论述社会对茧居族的援助方式。社会会提供哪些支持，都有什么样的特征；能够顺利进行援助的秘诀在哪里，家庭治疗的思考方式以及具体的做法是什么。对于近些年一度被关注的高龄茧居族的问题，在这个部分也有涉及。

第 5 章重点关注父亲的作用。父亲掌握着解决重大问题的命脉。青春期就是从母亲的世界跨越到父亲的世界的过程。日本家庭中的父亲并没有发挥好其特有的作用，这便是我潜心研究的主题。我也是父亲、丈夫和儿子，我边体验这些身份，边去摸索作为一个父亲应如何赋予整个家庭活力。

这本书是一本不论你翻到哪一部分都能读懂的书。但如果你想知道具体的应对方法，那么请从第 4 章开始阅读。如果你想从基础开始了解茧居族，那么我还是建议你从第 1 章开始循序渐进地阅读。

此外，本书中的个案都是我将多年的临床案例重新整合编写出来的，因此并没有触及特定患者的隐私，望周知。

目　录

引言

茧居并不是一种病

中学生太郎在初中一年级之前都还过着和普通人一样的生活，但是到了二年级，他开始出现健康问题。放假的时候还好，但一到上学的日子尤其是周一就会感到身体不适，因为太郎有点贫血，早上根本就起不来。不去上学，在家也没什么精神。这样的状态大概持续了半年，之后父母带他去了医院。

虽然太郎在医院进行了很多检查，但并没有查出任何身体健康的问题。医生说太郎的症状有可能是由心理原因引起的，便建议其去精神科。

田村医生的阐述　去哪里咨询比较好

对于茧居这种事情，到底去哪里咨询比较好？一般人都会很迷茫。其实社会上有各种各样的咨询渠道，这些渠道都有什么用途，怎样利用好呢？对此，我将在第 4 章详尽地讲解。

太郎的表现主要是"身体不舒服"，于是父母就带他去看了内科和儿科，却没有发现什么异常。因为问题不是源自身体，于是太郎及他的父母就被建议去了心理科和精神科。

▷ 心理科与精神科的区别

在日本，心理科主要负责由心理原因所导致的身体疾病。比如，不知原由的头痛、腹痛、发烧、倦怠、疲劳、皮肤上的异常，等等。

精神科则主要关注抑郁症、自闭症，等等。日本社会对精神科有很大的偏见。实际上心理科与精神科没有什么差别，太郎看哪个科都是一样的。

太郎到精神科接受检查。精神科医生怀疑太郎患有精神分裂症，并且给他开了药。太郎在服药一个月之后，不仅没有见好，而且整个人因为药物的原因竟变得更加迟钝了。诊治只进行到一半，因为太郎说不想去，就没有再去。

田村医生的阐述　茧居并不是一种疾病

茧居，虽然说是一种心理层面的问题，但它并非是一种疾病。

我认为茧居是孩子的内心在青春期、青年期没有得以正常发育造成的。既然不是疾病，也就不能用药物来解决。但是茧居同时会伴随着感觉统合失调或广泛性发展障碍等问题。在这种情况下，茧居者就要尽早到医院治疗，此时药物也是有必要的。是否是疾病很难判断，必须由专家判断。

但是，茧居在很大程度上来说并不是疾病，与之相对应的医疗措施也就有一定的局限性。医疗的目的是把病治好。因此对于这些没有疾病的人来说医疗就没有任何效果。医生能做的就是在正确诊断后进行治疗。在很多情况下，医生会使用药物治疗。从精神科医生的视角来看，就是先查看患者是否患有某种疾病。像太郎这样，有点不正常的表现就会被判断是生病了。但实际上，太郎的表现即使说不上正常，但也不是生病，只是心理成长状态出了点临时的问题而已。对于这种情况，精神科医生是理解不了的。精神科医生的惯性思维是把来治疗的人预先判断为生病的人。

医生的使命就是早发现早治疗。一般用这样的视角来做诊断的医生，会将没病的患者也当成有病去治疗，还会开一堆没有必要的药物。

之后太郎按照学校老师的建议到区教育中心寻求帮助，然而这花了很多时间和精力，却并没有得到任何有效的建议。

田村医生的阐述 **心理咨询需要茧居人充分发挥内因来推动治疗**

在做心理辅导时，若接受心理指导的一方抱有想要变好、想要解决问题的强烈动机，那心理辅导就能够发挥它的威力。一般情况下，心理咨询师是不会给出如"这样做就能好"这样绝对的答案或者建议的。心理咨询是在深入了解中不断地探索来访者的内心，让一直以来隐藏在其内心的真实情景显现出来，但是这将会伴随着痛苦。所以，为了能更深入地探索来访者的内心，心理咨询师要挖掘其动机，敦促其想要变好，想要改变自己，并且这需要反复多次。

即便是非常有经验的心理咨询师与来访者谈话，可能也不会迅速而直接地抓住问题的症结，但是咨询师能够在一定程度上引起来访者的共鸣。一次两次的心理咨询很少能够马上解决问题，所以不要期待速战速决。循序渐进地进行心理咨询，踏实地走好每一步才是最重要的。

茧居族之所以多，主要是因为茧居的人很少会自己主动接受心理咨询。即便是家里人很担心，希望其找心理咨询师，但这类谈一谈的建议也都会被茧居者强烈拒绝，这种情况较为常见。因此，想解决茧居问题，就要从家庭心理咨询入手，这种方式对于茧居族来说一般是很有效的。

/ 第一次咨询 /

太郎的母亲经人介绍，知道了田村毅研究室的存在，于是便预约了看诊时间。但是因为太郎已经不想再看医生了，没有办法，母亲只能自己一个人前来。

田村医生的阐述 **家庭治疗是一种即便茧居者本人不在也会起效的心理咨询方法**

通常个人的心理咨询是落实到有问题的个人身上。若母亲来做咨询，我们就假设母亲的内心有问题，然后试着对母亲进行心理咨询，让其回去影响孩子，孩子便能受到心理咨询的影响。

如果是通过医院治疗，本人不去的话基本上就无法进行治疗。针对这一点，家庭治疗的优势就在于，在本人不在的情况下也能够发挥威力。为什么能够起效呢？这主要是因为，家庭治疗是从心理学的传统方式中发展而来的，旨在发现人和人之间关系的症结，有针对性地对此进行调整并解决问题。

即便是在茧居者不出席的情况下，其家人在进行了几次面谈后，也会在不知不觉间改变自己和孩子的相处方式，茧居者本人也就会逐渐发生变化。

妈妈的话

我曾经听到过这样的话："孩子出现问题，责任主要在父母。"我觉得是我的教育方式、和孩子的相处方式出了问题，但是田村医生在听我说了很多之后，还是会和我说："这没什么大不了的。"这让我感到非常安心。

田村医生的阐述　　让家人恢复自信是最重要的

在很多有茧居孩子的家庭中，父母都失去了信心，不知道要如何和孩子相处。"茧居问题主要是由家长的教育方式及和孩子相处的方式不得当所导致的。"这种话的流传成了家长们失去信心的主要原因。

家庭治疗不赞成这种想法，即家庭治疗 = 家庭集体治疗 = 家庭有问题。人们时常会有这种误解，但是真相却并非如此。

父母和茧居的孩子如何沟通这一点是孩子恢复正常的重点。

世间不存在完美的父母。不管什么样的父母都有好的相处方式和糟糕的相处方式；不存在 100 分的父母，也不存在 0 分的父母。所有的父母都是既有优点也有缺点的，所以世间并不存在毫无优点的父母。

孩子会在这种情况下成长，学会自立。即便父母们认为自己做得不好，也还是有其优点的。而把这种优点引导出来就是我的工作。

若父母失去自信，不知道如何面对孩子，害怕和孩子相处，最终就不能很好地引导孩子了。让父母恢复自信是非常重要的，想要让孩子重拾适应社会的自信，父母应当先重拾与孩子相处的自信。

妈妈的话

在和田村医生谈话后，我发现了一些之前一直都没有注意到的问题，感觉恍然大悟。医生说下次让我丈夫也一定要来，但是我丈夫的工作很忙，根本抽不出时间，而且就算他抽出时间来了，对于孩子的事情他也不能理解。

田村医生的阐述　父亲是解决茧居的关键所在

日本大多数家庭都是母亲和孩子接触得多，父亲和孩子接触得过少。这在孩子小时候倒是没什么，那时问题还没有表现出来，孩子也就这么顺利地成长了。

但是，这种情况在孩子青春期时就会变得难以应对。此时孩子的兴趣会从"自己的世界"逐渐转移到"外面的世界"。这个时候父亲的作用就显得很重要了。

青春期就是父亲该出手的时候。父母合作共同努力与孩子进行沟通才是最好的。讲道理谁都会讲，但是实施起来真的很难。从孩子出生一直到青春期的这段时间，父母所扮演的角色一般已经固定了。那么怎样才能转变这种已固定的角色呢？我在第二次咨询中进行了说明。

第二次咨询

妈妈的话

我和丈夫说了医生的建议以后，他很痛快地就答应了，这让我很意外。说实话，仔细考虑一下，不光是孩子，我和丈夫也一直在逃避这个问题。虽然我们的感情很好，但是一涉及孩子的问题就会出现意见不合的情况。我一开始觉得，与其找丈夫谈话，还不如我自己一个人先赶紧解决这个问题。

我丈夫在进行了心理咨询后，理解了医生的意思，之后和孩子的相处也逐渐变多了。太郎一开始因为父亲的转变过大还稍微有点儿不适应，但是在与父亲谈到运动的话题时就变得开朗多了。

田村医生的阐述 剖析家人之间的关系与家人所需扮演的角色

事实上，夫妻感情并没有什么问题，但只要一提到孩子就会变得意见不合的家庭屡见不鲜。我们没有必要要求父母都以同样的方式和孩子相处，比方说父严母慈有时就恰到好处。

不可否认，一旦孩子出现了问题，父母的不同意见就会使彼此关系变得紧张。此时，情况可能会变成慈母非常宠溺孩子，而严父则始终抱持着严厉的态度。渐渐地，双方的矛盾就会变得愈发难以掩盖，夫妻之间开始相互批评、相互排斥。

"温柔"和"严厉"都是孩子成长过程中必不可少的，但是极端的温柔或极端的严厉都是不可取的，怎样才能平衡，这就要父母之间多交流、多商量。尽管父母对孩子会采取不同的态度，但只要能彼此理解就不会激化矛盾。

妈妈的话

面谈的时候，田村医生帮我给学校的保健老师打了个电话。医生和老师沟通得很好。对此，我感到很安心。

田村医生的阐述 活用社会资源来解决问题

对于茧居族的救助，学校和社会都是不可或缺的。但是现实并不如想象中的那么美好，因为参与者彼此的想法是不同的。学校的老师只会一味地催促学生早点回归学校，而医生却认为多休息为好。学校和医院的立场不同，想法不同也很正常。

因此，双方都不肯让步，不能协同合作。

但是，对于家庭来说，面对学校、心理咨询机构、医疗组织的不同意见，又该如何处理呢？如果这些公共机构能够互相团结，家庭也就能够信任它们；在完全尊重隐私的情况下，这些机构也能够得到茧居者本人的信任。

妈妈的话

这次是我们夫妻一起带着太郎过来的，本以为太郎会说一些平时不会对我们说的话，可是他很快就从诊室出来了，我很担心他是否真的把想说的话都说了。

田村医生的阐述　**推动本人加入谈话是很有必要的**

茧居者本人一开始就马上来面谈几乎是不可能出现的情况。不过随着父母来的次数增多，孩子也会跟着过来。

初高中生很少会将自己的想法说给别人听，特别是男孩子。即便如此也没关系，对于茧居者来说，若他认为没有什么要说的事情，心理咨询的时间就不必过长。

但是，即便没有什么好说的，茧居者肯来谈话本身也有一定的意义。因为他们基本处于对社会的封闭状态，愿意来社会机构进行面谈就是向前迈进了一大步。也可以说，问题基本上已解决了50%。

妈妈的话

太郎说："那种地方不去就好了，我再也不想去了！"在上次的面谈中，太郎听到父亲和医生说的话，他很不高兴。但是，医生希望我们再好好劝劝他，让他过来。所以我努力说服他，他勉勉强强算是跟我过来了。事后想想，那可能是个契机，太郎之后也逐渐有了去上学的意愿。

田村医生的阐述　**想要孩子有所改变，父母对待他的方式至关重要**

当孩子逐渐改变时父母要如何处理，这是个难题。父母不能勉强孩子，尊重孩子的意愿是根本中的根本，但是也不能放任自流，父母要明确地引导孩子这一点很重要。什么该做、什么不该做都要好好地告诉孩子，让孩子逐渐实现自立，走向成长之路。其实彷徨的父母无法确定怎么做或做到什么程度，孩子也是一样，在不能再这样继续下去以及又不知道怎么做之间摇摆不定，无法自己做出判断。若这时家长恢复自信，自然就能判断出该如何应对。

妈妈的话

太郎慢慢有了变化。之前不是沉默，就是反抗，现在则是多少能听进父母的话了。

学校的老师说想过来家访，但太郎并不愿意。我和田村医生说了这件事之后，医生建议学校的老师也到田村研究室谈一下，于是老师也与医生见了一面。现在太郎每天都在为去不去学校的事情犹豫不决。和学校老师谈过之后，我们决定先让太郎去学校的保健室学习，而不是去教室上课。

田村医生的阐述 **融入社会的进程需要逐步推进**

太郎因为有了恢复的势头而回到学校，但直接回教室上课的难度很大。要在学校和家之间找一个能让他安心的地方，逐渐阶段式地帮其恢复。茧居的时间越久，推进的时间就要安排得越长。

之后的情况

妈妈的话

寒假的时候，太郎的朋友来家里玩了，以前太郎从未邀请过朋友过来玩。过年的时候，全家人聚在一起，谈天说地，这也是以前没有过的。新学期开始了，太郎去上学了，之前的一切都像没发生过一样。太郎有时候也会感觉身体不舒服，就会去保健室休息一下，然后再回到教室上课。

田村医生的阐述 茧居不是疾病，而是青春期的意外摔倒

太郎在很短的时间里就成长了，看到了自己的力量而回到学校。一开始非常担心的母亲也逐渐恢复了活力，能更好地和他相处。整个家庭都变得和睦了。

太郎没有生病，只不过是在长大成人的青春期的路上摔了一跤。

但是并非所有的茧居者都这么幸运。通常情况下，茧居者的茧居时间越长，年龄越大，也就越难恢复。针对不同的情况，支援者要设计不一样的支援计划。我将在第 4 章中加以说明。

第 1 章

为什么孩子会成为茧居族

所谓茧居族

我家孩子不愿意去学校。他本来很乐意去上学的，但是现在因为自己的人际关系出了点儿问题，就变得不爱去了。

就这样有两周我们对此什么也没说，一直由着他的性子来。但是他晚上好像失眠，即便睡着了也是在后半夜快天亮的时候，早上也起不来。刚要管他这事，他就冲我们吼："你们好烦！"到了这种地步，我们非常担心，就这么放任不管不就真成了茧居族吗？

答：

首先我们先理清楚茧居的概念。厚生劳动省（日本负责医疗卫生和社会保障的主要部门）在2010年给出的茧居定义如下。

1.避开参与一切社会活动。也就是说，茧居者除了家里人外，与其他人都不想有所关联。

2. 导致的结果主要是，茧居者只在家中待着，或者即便外出也只是去便利店、超市等离家很近的地方。

3. 这种状态长时间持续。

根据厚生劳动省的说法，持续这种状态的时间大概有半年以上的人会被称为"茧居族"。

参照这条定义，只有两周的情况还不能被称为茧居。青春期是烦恼成堆的年纪，因和他人不能很好地相处而失去自信，所以一时想从人际关系中撤离也是常有的事。对于这种情况，家里人不用管就这么放任也没关系，时候到了，孩子自己就会恢复精神去上学。

但是，如果孩子一直这样超过三周，家长就不能再放任，而是要考虑应对方法了。

茧居是因为任性、撒娇、懒惰吗

问：

茧居是不是就是一种任性呢？只是想装病偷懒一下，或只是想任性一下呢？学习很辛苦，他做不好，但是和朋友玩、做自己喜欢的事却都能做好。

答： ///

茧居和任性、撒娇、懒惰是不一样的。

懒惰是什么？你在什么时候会懒惰？一般是在不如意、没干劲的时候，或还有其他想做的事情的时候。有时人们工作很辛苦，于是就想装样子偷偷懒。但懒的人是不会为此苦恼的，也不会为此痛苦的。还不如说，偷懒也是需要勇气和胆量的。

其实我小时候也总是逃课，当教授的时候也总是偷懒不去参加教授会议。我是因为不想做，想要放松才偷懒的。虽然我会有些不安，有些担心偷懒会不会影响我的职位什么的。但是一般来说，人们是不会对偷懒这种行为过多思考的。

没有任何烦恼，就是想偷懒不去上学叫"怠学"。茧居的人不去学校，和偷懒不去学校是不一样的。他们其实是想去的，觉得不去不行，但是却没有去的能力，并且对此感到很苦恼。茧居的人多数会在网络和游戏上花费大量时间，而且还不是单纯地因为有趣而乐此不疲，他们表面上看起来很开心，但是其内心会因为深陷网络而产生深深的罪恶感。沉迷于网络都是为了填补不能去学校和公司的空白时间，来麻痹自己难受的心情。

"任性"是什么意思？小孩子都任性，任性就是一种很自我的状态，就是说，希望世界按照自己的想法来运转，而此时监护人要保证其安全。在幼儿时期任性是有必要的，而在孩子需要成长为大人的青春期，这种任性就会逐渐得到控制。如果成人还没有摆脱任性，那么其多少都会受到他人的否定和质疑，但是在孩子向成人过渡的青春期里，适度的任性也是正常的。

所谓的"撒娇",就是依赖别人,放弃自己的力量。这也是人们在孩提时期常做的事,即便是长大成人后也会有这样的行为。谁都无法独自生存,向他人寻求援助就是一种依赖。撒娇本身是人的一种很普遍的心理。

《撒娇的构造》一书的作者土居健郎先生说明了撒娇和欧美文化中的个人主义是相对的,是日本文化独有的相互依存的关系。小时候向他人尽情地撒娇是非常正常的事,成人后就不再被允许撒娇了。但是,在快速发展的现代社会,真正的成熟和年龄没有关系,依据状况适度地对别人撒娇是处理好人际关系的要素。

从青春期开始,孩子会逐渐不再依赖,心理变得独立,能和家人以外的朋友、恋人等其他人建立亲密的关系,适度地互相依赖。茧居族就不能很好地建立这种平衡,他们对家人简直就如幼儿时期般过度依赖,但是对家人以外的人却又无法交心。也就是说,撒娇本身并没有问题,重要的是,要根据人和场合的不同,适度地向他人撒娇。

为何茧居行为多发于青春期

问:

孩子处于青春期,我为怎么和他相处而感到很迷茫。从前,我与孩子的相处并没什么问题,一直这么平淡地过来了,可是最近开始和孩子吵架,为什么茧居现象多发生于青春期呢?

答：

孩子在十二三岁的时候进入青春期。首先，在生理上孩子的身体开始发育，产生变化，同时会伴随着心理变化。在多数情况下，女孩会比男孩早一些。

在回答为什么茧居多发于青春期这个问题之前，我们首先要对孩子在青春期的心理变化有所了解。处在青春期的孩子的身心正向成人转变，大人和孩子的身心自然是不同的。我们可以用"万能的自我"与"社会的自我"两个概念来加以阐释。

儿童的心理（万能的自我）

在进入青春期之前，也就是 10 岁之前，孩子一般都在家庭、幼儿园、小学等"自我世界"里生活，一直被父母、老师等人保护着。

孩子几乎是一种毫无自保能力的存在，在没有监护人的情况下是不可能成长的。此时他们有必要得到无条件的保护和爱护。

在大多数时候，保护者是父母，当然幼儿园和学校的老师也有此责任。孩子完全依赖于保护他们的人。监护人完全承担着孩子的一切需求，要给孩子一种不管做了什么都不会抛弃他、都会保护他的安全感。

这种基本的安全感和信赖关系一旦形成，孩子就会有一种在世界上活着真幸福的感觉，从而肯定自己。认为这个世界是安全的，自己所接受的一切都是无条件的，并为此感到很安心。

监护人会为自己安排好一切，做得不好的也由他人负责。在这种安心的环境下，孩子就形成了"百分之百的自我"。

回到刚才的话题，青春期之后，孩子们就需要把这种靠他人力量生存逐渐转变成靠自己的力量生存，并且把这个作为基础来肯定自己。而儿童时代的肯定感是他人给予的，是来源于大人给的肯定而不是自己给自己的肯定，因此他们从监护人那里得到认可，会感到自己是万能的，从而获得满足感；而一旦获得满足感，他们就会安心地离开监护人，从内部世界离巢。

但是，若孩子未在儿童期得到充分的认可，在没有获得满足的情况下，他们在青春期以后就会向他人继续索求关怀。即便自己有能力得到自己想得到的东西，也没有自信的感觉。所以，这样长大的孩子无论何时都在向他人寻求更多的爱，而不能好好自立。

成人的心理（社会的自我）

从孩子的心理过渡到成人的心理是很花时间的，会反复前进和倒退，整个过程是十分复杂的。多数孩子都是自然成长的，但是茧居族就没那么幸运了。

孩子在"自我世界"中生存，不论是安全的世界还是被认同的感觉，都是监护者给予的。长大了的成人会适时进行自我肯定，培养自我意识和自信，并具有去创造自己的存在价值的能动性，以便生活在其他人所构成的具有不同性质的"外部世界"。要成为社会的一员，社会性就要发挥重要的作用。社会性不光是指身体能力（健康、体力）、知识能力、生活能力（或是经济能力、管理衣食住行等的日常生活能力），心理上的能力也是很有必要的。这些都是人们在青春期逐渐获得的。

心理的社会性：

在内心形成自发动机： 将从双亲身上获得动力转变为从自己身上获得动力。

和他人的关系： 懂得珍惜自己，也懂得妥协与让步。

自身责任： 不把身边所发生的不顺利之事的责任转嫁到家人和身边人的身上，懂得自己承担。

与"自己是万能的"这种感觉说再见： 放弃"百分之百的自我"这种心态，接受展现 60%~70% 的自己的现实。

确保找到容身之处： 从安全的家庭中离巢，在外部世界中找到能使自己安心的一片净土。

我要强调的并不是"社会的自我"有百般优点，而"万能的自我"就是错误之源。独当一面的大人也会有孩子的一面（万能的自我），很小的孩子也会有可靠的一面（社会的自我），这着实令人惊讶。重要的是人在心中如何分配好"社会的自我"和"万能的自我"两者之间的比例。

青春期之前，孩童时期，即便"社会的自我"很少，"万能的自我"很多也没关系。但是，在迎来青春期的十几岁以及二十几岁之后，人们就需要在和他人相处时做到互相理解，自己能独立行动、学习、工作，等等。青春期时，做事的要求被逐步提高，不得不用"社会的自我"来应对的场合也逐渐增多。

要是人不能在适当的年龄获得"社会的自我"，那么其生存就会变得很困难，总是达不到要求，很多事都不能顺利进行。茧居是青春期的一个逆行现象（返回孩提时代），当人们不能和同学、同事处理好关系时，就会逃避学校和职场，躲回家做茧居族。

也就是说，茧居就是一个人被周围的人当成大人来对待，但是他自己却还没有充分地培育好"社会的自我"，也没有进入可以提供自我动力的状态。他们和家里人的心理距离很近，能和熟知自己性格脾气的人撒娇、对抗，但是却不能和外部世界的人保持适当的距离，做出相应的关系处理。

茧居者与自己以外的所有人相处时都会感觉十分不安。当事情进行得不顺利或感到自己不能单独承担责任时，他们会将责任转嫁给父母或其他人。茧居者不能把自己本来应该所处的地方如学校、公司等看成舒适的、有安全感的场所。不管外部世界是好是坏，他们都认为外边会让自己受到伤害，所以会一直停留在内部，逐渐变得越来越进入不了外部世界了。

茧居是青春期的混乱情绪所导致的退行现象

问：

儿子现在读高中，情绪很不稳定。学习上，他总是一开始挺努力，也有干劲儿，但是过几天就不行了，会突然失去了动力。这样的情况反复多次，已经很久了。

他每天都会在电脑前玩游戏，一听到"别玩游戏了，想想以后怎么办"之类的话就把自己关在屋子里，大声哭泣。他与其他人交流还挺正常，但是会对妈妈说"想死"，还会踢墙壁。这或许是因为我们父母逼得太紧了。

我的工作经常让人忙得不可开交，孩子多数是由他妈来照顾，她一直都没休息过，我真担心再这样下去她会撑不住。

答：

"父母逼得太紧了"这种想法说明您对儿子给予了很大的期待。您的儿子本来就不属于强势的类型，为了回应你们的期待会加倍努力，如果怎么努力都不成功的话，时间久了就很难建立自信了。其结果就是，他对学习没了欲望。

学习逐渐变难，要求的水准也在不断提高，"社会的自我"变得格外重要。但是如果人没有培养好"社会的自我"，就只能用"万能的自我"来应对了。其表现就是孩子会把自己关在房间中不和外界接触、对父母暴力相向、大声哭喊、变得暴躁、深度依赖父母、说"想死"、踢墙壁等。

若以上这些行为不会在外面出现，而只是在父母身边如此，那么我们就可以将其称为青春期的倒退现象。对母亲说"想死"并对母亲粗野无礼，而面对父亲时却没有这样的行为，则表示孩子与母亲更为亲近，会在母亲面前将孩子的一面暴露无遗。事实上，若孩子与父亲不是那么亲近，会在父亲面前抑制自己孩子的一面，这在一定程度上也是在培养社会的自我。

如果孩子没有生病，其心理就会顺其自然地成长，自己逐渐培育出

"社会的自我"，变得能够自己激发动力来生活。但是，如果孩子学习跟不上，不能顺利通过考试与升学，被大批往前涌的青春期同伴甩在后边的话，他就会失去自信，成长就容易在此停滞了。

言归正传，让我们回到刚刚的问题。母亲每天都要承受这些，对她来说这是极大的负担。为了避免这些，和孩子吵架、保持或多或少的距离是有帮助的。要理解孩子有大人和小孩两个自我，而家长要引导其培育"社会的自我"。父母要先稳定自己的情绪，与孩子保持适当的距离。

转换力量，让孩子充满斗志

问：

虽然儿子Ａ君考进了名校，却一直在休学。儿子读高中时就很优秀，上了大学后开始一个人生活。一开始他非常努力，但是他总感觉有点不对劲儿，就算是想学习也不能集中注意力，提不起劲儿来。每天晚上他都要玩游戏，一直玩到第二天早上，十分沉迷。

后来我就让他休学和我一起回老家了，但是回家以后他也是除了玩电脑游戏以外对什么都不感兴趣，过着懒懒散散的生活。我也提醒过他，但一提醒，他就会变得很焦躁，最近还开始有暴力倾向。

我很担心儿子是不是有心理疾病。

答：

这个案例是我亲自接手的。这个年纪的孩子在通常情况下是无论如何都不愿意来做心理咨询的。但是令人庆幸的是，A 君自己其实很想为改变现状做点什么。我的结论是他并没有心理疾病，而是一位很优秀很聪明的青年。

A 君是一个有很强能动性的孩子，但是却不知道怎样才能让自己建立自信。他的这种能动性一直都来自于父母，能上名校也是因为父母一直在身边支持，其实他自己一点儿自信都没有。现在我们需要将生产这种能动性的引擎转到 A 君本人身上。A 君在回忆过去的成功与失败时，对于失败能够马上说出来，但是对于成功怎么都找不出来。虽然他在学习方面一直都很顺利，但是对他来说，那并不算是成功的体验。而我便对这一点给予了认可，将学业的成功加进了他的成功经验中。

A 君的父母非常担心自己的儿子，经常来找我商量。他们是很负责的父母，一直在为孩子考虑，并且给予了儿子最大的支持。但是正因为如此，父母的能动性过强，导致他们忽略了孩子自身的能动性。

我建议父母先停止这种"用力过猛"的相处方式。因为担心孩子，父母通常会"引擎全开"，这种过于卖力的方式会遮掩住孩子自身的闪光点，孩子得不到足够的认可，就会失去自信。治疗师可以通过谈话发掘孩子的优点，帮其建立自信，这时候也要让家长意识到，即便是停止自己全开的马力，孩子也可以前进。

在家长心中，不管孩子长到多大，都是那个小时候看起来很可爱的模样。直到孩子小学毕业，家长都还是尽全力牵着孩子的手给他所有的爱，但这种形式必须在初中的时候结束。可是，A 君的情况则是到了大学其家长也没有结束这种关爱的方式。对于不能融入大学生活的 A 君来说，双亲还是没有改变以往"引擎全开"的相处方式。

在能动性的接力棒交接的时候，父母的配合是非常重要的。不管孩子如何发挥自己的能动性，父母却仍然和以前一样一直"引擎全开"的话，孩子的努力就会付诸东流。因此，要让父母的能动性适宜地停止。

现在我们来说一下所谓的"干劲儿"，也就是内部的能动力量。不管什么事情，想要主动去做的话，都需要一定的动力，或者所谓的"能动性引擎"。在进入青春期之前，孩子都是通过父母的引擎被带动的，自己并不知道该怎么做。监护人一般都会告诉孩子"快起床""快去学校""快去刷牙""不要再玩游戏了""快点学习""不要看电视了""快去洗澡"，等等。父母先出面让孩子一一注意这些生活细节，孩子再遵从父母的话，最后才做完这些事情。

一般来说，孩子在青春期以后即便自身能动性不是很强，却也在慢慢地试着通过自身的引擎来转动。他们会观察周围的状况，掌握自己身处的位置，对将来有一定的预估，之后便知道自己应该做些什么了。

我把这种能动性或者说"干劲儿"比喻成引擎是有理由的。现实中，两个引擎同时发动不会出现双倍的效果，反而容易失控且很可能出现一发不可收拾的局面。为了实现孩子自身的能动性，家长必须停止自己拼尽全力的引擎。

但是，让家长停止他们的引擎比想象中要难得多。因为孩子刚开始尝试发动自己的引擎，刚开始独自发挥能动性，总是会有失败或者引擎失控的情况。

　　这个时候，若父母马上出手，发动父母的引擎去干预，孩子就会停止自己的引擎。总之，虽然父母有干劲儿是很好，但是让孩子失去尝试自己发动引擎的机会就容易造成适得其反的结果。家长在孩子失控的时候是应该出手帮助孩子的，但并非马上，而是应该在孩子能够重新发动自己的引擎之前在一旁观察，等待他们重新发动自己的引擎。孩子刚刚学会自己发动引擎，这个时候要多尝试自己去思考去做事，而不是受周围人的影响后再去行动。对于学习、班级活动、和朋友的交往等，孩子们不知道以自己的力量能不能做到，所以要挑战一下，不管是失败还是成功，只有实践了才知道。

　　成功的话，孩子就会有成就感。自己顺利地发动引擎，得到了周围人的认可。如果他还想要得到更多的认可，他就会更加充满热情地去做。反之，失败了就会感到很无力、很伤心，因为害怕失败，当然不想再做，最后活力和热情也都消失了。针对这一点，我们要将成功的经验放大，加速成功引擎的发动，使其成就感倍增，反过来则要为失败的引擎减速。

　　青春期的孩子还没有足够的体验，父母经验丰富的引擎对孩子来说是用不来的。在开始使用自己的引擎之后，新的体验和经验都会被储存起来。随着成功经验的积累，孩子就可以自己自如地运行引擎了。可是孩子在青春期是难以很轻松地获得成功的，在一段时间内会一直在成功与失败之间徘徊。在这个徘徊期，引擎就会一会儿启动，一会儿熄火。

　　这个徘徊期是父母发挥作用的重要时期，但是父母不应该因为担心就直接启动自己的引擎，而是要引导孩子在迷惑的过程中慢慢地启动他自己的引擎，促使孩子激发自己的能动性去做事。父母要做的就是在孩子旁边默默地等待。

其实父母最大的作用就是及时为孩子贴上成功的标签，以便他们辨别成功的标准。孩子在尝试做一些事情的时候会得出相应的结果，但是到底是成功还是失败，这个界限对于他们来说大多是模糊的，而且多数时候他们所做的事都是一半成功一半失败。即便先认识失败再认识成功也不要紧，最起码成功与失败都能够体验到。

这个时候，父母对孩子成功的经验要给予认可，比如，家长可以说："虽然不是全部如你所愿，但是成功了一半也叫成功，你做得很棒！"这种话会给予孩子认可，从而使孩子的成功体验增多，孩子就会给予自己认可，他自己的引擎就会顺利地运行。

专栏

抑制父母的引擎

在孩子进入青春期之后，父母要从以前的近距离逐渐撤退到远距离观察的位置，不能一直都守在孩子的身旁。一直以来都是家长照顾孩子，现在则要让孩子自己来照顾自己，在孩子失败时家长也不要马上介入，而是应看着他们一点点地自己克服困难获得成功。

如果父母过多关心孩子，那么孩子就会觉得自己不用担心。反过来，如果家长保持距离，那么孩子就会自己去关注自己的问题了。这听起来很难，但又是必不可少的环节。孩子会花费很多时间，无论如何都要忍住痛苦去解决问题，即便在成功和失败之间徘徊，但最终他们仍会努力学会克服困难的方法。

在孩子没有动力的时候，对于家长来说这就是考验期。父母在关闭自己动力引擎并期待孩子开启自己的引擎这二者间会有一段空窗期，这是必不可少的阶段。比如，快要考试了，孩子不学习光是打游戏，这种时候家长和孩子经常会出现这样的对话。

父母：快去学习！

孩子：现在正想要去学！（摔门声）

父母：你说你要去学，我要是不说你能去学？！（一定不会去的）

　　这是青春期孩子和父母经常遇到的事，家长认为即便把事情交给孩子，到最后他自己也是不会做的。其实如果家长再稍微等待一会儿，孩子就有可能会自己去做了。

　　父母自己平时用惯了自己的高速引擎，在发生上述状况的时候，父母的引擎能很快地做出应对。而刚刚开始使用这种引擎的孩子不但发动得很慢，力量也是很薄弱的，使用父母的引擎就会更加顺利。这样一来，孩子就会养成习惯，在自己不能很好地掌控的时候，就会不自觉地搭上父母的顺风车，导致自己无法积极地去发动引擎了。

　　为了能够更好地控制住父母的引擎，使其不会影响孩子，父母就要想办法抑制住自己马上去帮助孩子的冲动。父母在观察的途中可能会发现孩子的引擎性能下降，会花很长的时间启动，甚至最糟糕的情况是已来不及应对当下的问题。父母对于这些情况要做好心理准备，并且要坦然面对。

和他人和谐相处

问：

　　我家孩子半年前就不去学校了，我想其中原因八成就是学习吃力的问题，期中考试的时候，他的成绩下降得很厉害。还有一个原因想必就是人际关系了，孩子在初中和高中时曾遭受他人"欺凌"，从那时起他就变得性格有些古怪。孩子的父亲长期在国外工作，大部分时间都是我们母子俩生活。

　　因为和学校的朋友相处不来，他就这样不去学校在家里过着黑白颠倒的生活。我担心这样的时间长了他不就真成了"茧居族"吗？如何做才能让孩子恢复正常的生活作息？

答：

　　人际关系障碍是造成茧居的重要原因。受到"霸凌"就是从别人那里受到了伤害。被霸凌者为了不受到伤害而把自己封闭起来就会逐渐变成茧居族。在现实中，为了能和他人更好地相处和沟通，人一般都会放弃自我的安全世界，收敛自己的一部分个性与别人沟通，期间即便受到伤害也不会气馁，仍会想办法将自己的想法传递给对方。想让孩子做到这种境界，就要培养其社会性能力。

　　不好好培养这种能力的话，学校就会变成十分危险的地方，最后孩子可能会因为厌恶学校而被迫离开。慢慢地，人也会没有干劲儿，成绩也会逐渐下降。

　　家人能做的就是为孩子创造和其他人交往的机会。因为孩子父亲长时间在国外，家里只有母亲，两个人的家庭导致孩子和母亲之间的距离过近，在这种过近的二人关系中，很难有"第三个人"的容身之处。也就是说，如何在这种密不透风的关系中插入新关系让孩子去适应是解决问题的关键。

为了让孩子重拾自信、动力和希望，孩子和他人之间的关系是很重要的。我们所有人都是从家人、同事、朋友那里得到认同或否定后才逐渐知道自己在社会上的价值的。但是，像茧居族这样的人不接触社会，和陌生人之间建立不了新关系，自身的价值自然不会被认可。

像禅僧那样，自己一个人一直端坐着冥想是不会让人那么容易就知道自身价值的。即便是通过网络，人们只要能够得到自己在别人眼里的客观判断，就能够见证自己的成长，反之则会停滞。青春期之后，孩子不应过度依赖父母，而是应该在学校和公司同朋友、同事和身边的人多多接触，这样人就会慢慢改变。

但茧居族和其他人的交际实际上都是通过父母来完成的。最重要的就是把这种有限的交际圈扩大，自己将自己的想法传递给第三个人，自己去建立新关系。

对人来说，重要的人说出来的话就有很大的力度，具有很大的参考价值。和他人之间交往其实是一把双刃剑。若在他人那里受到伤害，人就会很痛，有时吃过一次苦头就不愿再去尝试，严重者甚至会变成茧居族。不过，如果我们被他人接受就会很开心，这份认可会成为我们的动力源，从而推动我们的日常生活。这时候最重要的就是有能给自己带来好的影响的优秀的人在身边。

那么接下来我们就着重讲一下怎么解决生活黑白颠倒的问题。黑白颠倒其实在茧居族中是很常见的一种现象。其中原因并不是茧居者沉迷于游戏和网络。大家一般会认为，游戏很有趣，容易使人沉迷，玩着玩着天就黑了，睡得晚第二天自然就起不来，也上不了学。但茧居族的情况并非如此。

茧居族白天睡觉其实只是因为自己不想面对白天大家都在活动的现实。到了晚上大家都睡了，周围很寂静，他们才会感觉轻松自在。对于茧居者来说，比起白天，夜晚更能让人安心生活，所以慢慢地就变得越睡越晚。结果，看起来就像是沉迷于网络和游戏一样，这是一种依赖症的表现。在下一个专栏中，我会详细地解释依赖症。

孩子为了缓解自己的压力，也为了保护自己，从而昼夜颠倒，依赖网络世界生活。就算你拿走孩子的电脑，让他早点起床，这种情况也不会有任何改善。但是如果白天的生活丰富有趣，不管网络世界多有趣、多吸引人，孩子都会去参与白天的活动。

即便没有家长无微不至的照顾，只要孩子有参与白天活动的劲头儿，早上就能自然醒。总之，生活节奏这种事情，还是请交给孩子自己去调节。但是，让人困扰的是这打破了家庭既有的生活节奏，对此请家长们不要改变自己平时的生活规律，一切如常就行了，平时家里的吃饭时间是什么时候就是什么时候。孩子什么时候吃、到底吃不吃就交给孩子自己去控制。在家，制定好规则，比如自己的餐具自己洗，让孩子做到能够遵守最低限度的规则。对于昼夜颠倒的现象，我们首先要解决的并不是昼夜颠倒本身，而是要引导孩子回归白天的活动。

何谓依赖症

所谓的依赖症就是，人们对某一特定对象或事物十分喜欢，并且越陷越深。即便其想要从这种沉迷中抽身，却也难以停止，这是令人非常头痛的问题。依赖的对象种类繁多。

第一种，依赖对象是那种可以对神经起作用的化学药物。酒精、烟草、兴奋剂、麻药、安眠药、精神安定剂，等等。

第二种，依赖对象是一些特定的活动，比如玩老虎机、打麻将、赛马等赌博活动，还有购物、吃东西（吃得过多或者根本不吃等异常的饮食活动），对于工作的依赖也包括在内。还包括对于人际关系的依赖，比如恋爱依赖症和性依赖症，其中有一种表现为两个人互相依赖的情况被称为共存依赖症。最近，网络依赖和网游依赖等问题也浮出水面。

对于有些依赖对象，人们绝不可以碰触；但是对于另一些依赖对象，只要适度，是有益于人的身心的。比如喝酒，少量饮酒一般不会造成问题，还可以缓解精神紧张，缓解疲劳，对健康来说没什么大碍。安眠药和精神安定剂对于一些病人来说也是如此。恋爱和性生活也是人们的正常需求，和人生幸福有着紧密的联系。

问题是如何把握这个度。人们在依赖的过程中会感觉很快乐，然后就希望多做，量也就逐渐增大了。一开始即便量很少，人们也会感觉很快乐，但是逐渐地，如果不在量上增加，人们就感觉不到快乐，无法得到满足，渐渐地人们就失去了对某种依赖的控制。

　　依赖的方式有两种，一种是生理依赖，一种是心理依赖。生理依赖是化学物质对身体机能进行刺激所产生的影响，如果强行戒断，人们就会产生一种把身体抽空的戒断反应。例如，戒掉这种行为会使人产生一种不安的感觉、幻觉以及手抖的症状。心理依赖的表现是，如果人们不做就会感觉不安、焦躁，甚至惊恐。因为想要躲开这种不安的感觉，人就会逐渐地把量增多，然后陷入恶性循环：第一，身体会被侵蚀，酒精会腐蚀肝脏组织，有可能使人得肝炎、肝硬化、高血压及脑溢血等疾病；第二，社会生活会被侵蚀，人会遭遇失业和退学的困境，甚至因经济困难而采取犯罪行为；第三，家庭生活会受到非常大的影响，比如，酗酒的人可能会对家人采取家庭暴力，不能工作，家中的经济状况每况愈下，日常的家庭生活都不能正常维持。接下来，夫妻关系和亲子关系会变差，就造成了对家庭的伤害，甚至影响家人的人生。

　　那么，为什么人会出现依赖症呢？有这样几种说法。

最浅显易懂的说法是，物质带来的快感和愉悦能够给人的大脑造成一种刺激，影响大脑的回馈机制，使人感到满足。但是，这不一定是一种依赖症。喜欢饮酒的人有很多，有人会依赖成瘾，有人则不会。

第二个说法涉及生物学，影响依赖症产生的因素主要源于身体和心理，比如有特别的遗传基因、心理承受能力脆弱、感情易失控、精神分裂等方面问题的人容易患依赖症。患有自闭症、精神分裂的人往往抽烟抽得特别厉害。这是因为尼古丁能够抑制幻觉和妄想等症状。

第三个说法是自我治愈假说，从根本上来说依赖源于心理伤害和精神压力，比如失败、悲伤、痛苦、愤怒等感情体验。有这类问题的人想要从这些痛苦中逃脱，为了能够活下去而依赖一些物质。至于之后他们会选择什么样的方式（如物质或具体的行动）就要看他们的个人喜好了。

虽然每种说法都有道理，但是我认为第三个说法比较有依据，人在痛苦的时候容易沉迷于某种物或事。

也就是说，这些人将"说不出的痛苦"转换为"可以说明的痛苦"，以期度过这种难以忍受的人生。这种想法会进一步衍生出自残行为和反复强迫行为。

比如，割手腕这样的行为与自杀有微妙的不同，有这类行为的人并不是想死，但是却无法抑制那种想要伤害自己的心理。他们之所以如此是为了用自残的身体痛苦来摆脱无法解决的内心痛苦。

反复强迫行为，是故意让这种痛苦反复发生，希望别人能理解自己的行为。比如，遭受过父母虐待的人，虽然自己也反对暴力，但是在培育孩子的过程中仍会继承这样的做法。再比如，小时候曾遭受性虐待的女孩，长大后可能会去夜店做陪酒女郎，等等。

法国电影《猎鹿人》（*The Deer Hunter*）里面有一个场景是关于俄罗斯轮盘的。士兵让俘虏们玩俄罗斯轮盘赌（在左轮手枪的六个弹槽中放入一颗子弹，游戏的参加者轮流把手枪对着自己的头，扣动扳机；中枪的当然是自动退出，怯场的也为输，坚持到最后的就是胜者。旁观的赌博者，则对参与者的性命压赌注）。但是在战后，俘虏在曾经繁华如今却已荒废了的空地上，仍然反复玩着俄罗斯轮盘。他是希望通过伤害自身来逃避过去的重大心理创伤。这是一种令人难以想象和理解的行为。

茧居到底是身边人的责任，还是自己的责任

问：

我家孩子说："我无法思考未来的事情。我不想考虑，而且什么也不想做。"然后就突然开始茧居起来。最近他还开始抱怨，把错都归咎于他人，比如，"没有给我一个良好的交流环境，这是父母的错""是学校的错"或"社团同学的错"。我们一和他聊到有关将来的打算，他就会生气，所以根本就聊不起来。即便我们花大量的时间与他耐心交流，孩子也不愿意向我们吐露心声，我们自然也就不知道要如何应对了。

答：

如果孩子一直都处于"万能的自我"的状态中，就什么问题都解决不了，他只会将失败的责任归咎于他人。孩子还没有足够的能力自己承担责任，所以他需要大人的帮助。但是这样做的结果就变成，孩子会理所当然地认为若事情没有很好地处理就是周围人的错误。孩子能独自承担责任这一行为就是孩子从那种"万能的自我"开始逐渐成长为大人的关键。现实世界有很多事情都不能够顺利地满足人的愿望，要想在这种不顺利的状态下生存下去就要学会自我调节与自我保护。这是极其重要的。

青春期就是掌握这项技能的好时期。虽然这期间有很多事情不能顺利进行，但是这仍是磨炼孩子助其成熟的关键阶段。不过，这期间有些孩子也会出现那种碰到困难就把错误归咎于他人，自己重新返回那个"万能的自我"的情况。

如果能跨过这一难关，孩子就能获得自信，等到再遇到困难时也可以自己挺过去，不舍弃希望地继续向前看。

接下来，我们还是言归正传回到刚刚的问题。当务之急就是要找到一个机会将孩子那种"万能的自我"的小孩心态逐渐转变为大人心态。

"没有给我一个良好的交流环境"这句话会成为解决问题的突破口。现在就给孩子一个好的沟通环境吧。在家长看来，可能自己已给孩子足够的空间交流了，但是在孩子看来并非如此。这是什么原因呢？归根结底，家长其实缺乏倾听或不懂如何倾听。

孩子所说的"学校不好"到底是什么意思呢？社团的人又是为什么不好？诸如此类的事情多听孩子讲讲，听后也不要马上就说"那是不对的哦"之类否定的话，而是要先去理解孩子的感受。

在充分倾听后，再试着问问孩子："你真正的想法是什么？想要怎么做呢？"如果家长只是一味地要求孩子去学校，交流只会变成一种"命令"。光是命令当然是不行的，要问问孩子自己是怎么想的。即便孩子回答"不敢想或者不想去想"，家长也不能就这么放弃，尽管家长可以理解孩子的这种心情，但是真正的"理解"是为了更好地站在孩子的角度去思考，然后再给出更加合理的建议，这是家长的责任。如果孩子说出"不想考虑"之类的话，那么家长就可以告诉他："不想考虑是不行的，这是对你将来很重要的事情，我很明白你现在的心情，但还是请思考看看并且和我说一下，我是不会为此生气的，而且会认真地听你说。"像这样温柔而明确地告诉孩子是最妥善的交流方式。家长不必焦虑，花些时间认真地听孩子说自己的心声就好了。

孩子也会因为家长认真听自己真正的想法而安心，从而产生一种战胜困难的勇气。

专栏

协调与父母之间的关系

孩子能够顺利地不依靠父母而实现独立，主要取决于孩子心中父母的位置的变化，父母的位置会从绝对的、不可或缺的转换为相对的位置，孩子将明白很多事就算是没有父母，自己也可以做到，也就是说，孩子试着从父母的支配下挣脱就是一种独立宣言，这期间的行为就是为了获得独立而进行的反抗，这场反抗最终是可以达成和解的。

一旦孩子独立，他也就不再需要父母的全面呵护了，更重要的是孩子逐渐也能客观地认识与看待父母的缺点和能力的极限了。当孩子不再需要父母的协助时，父母就从一种不可或缺的角色转变为如空气般看不见摸不着却无所不在的存在了。

无条件地给予孩子爱和保护的母亲也会逐渐被相对化，孩子会逐渐放弃依靠这个人，从一个被动去接受一切安排的立场变成了独立的立场，主动切断了之前的绝对依赖。

独立的孩子也会挑战父亲的权威。对于原来一直十分尊重并且无条件信任与听从的父亲，孩子也能够将二人的关系变成对等的关系，与其互相迁就，坦诚相对。

如果没有这些体验或者这些体验不充足，不论到什么时候，孩子都脱离不了父母的支配，会一直为了挣脱而进行反抗。慢慢吞吞的话，孩子就会不断陷入被父母支配的境况，逐渐打消想要离开父母的念头。如果和父母之间的和解做得不够好，孩子就会一直对父母抱有仇恨、愤怒和厌恶的情绪。只有将对于父母的憎恨和愤怒充分地发泄出来，孩子和父母才会以对等的关系实现和解。

寻找自己的容身之处

问：

我女儿已经茧居了一年左右。现在，除了一周有三四天傍晚在附近的超市打工外，她基本上都待在家。因为害怕别人说三道四，她很不喜欢外出，生活作息也是昼夜颠倒。

女儿和谁都不能敞开心扉，即便是面对朋友也会因为紧张而说不出话。她自己也知道很多事不做不行，但就是提不起劲儿来。她也很讨厌自己不能回应身边人的期待，虽然身边的人都理解她的这种个性，但她还是感觉自己像背叛了别人一样，很有压力。

虽然女儿已不是小孩子了，但她还是很孩子气的，不喜欢自己独处，基本上每天都和我待在起居室。她也不想出门，连这份临时工作都想辞掉。我想要带她去医院，但是她说什么也不愿意，我现在真是无计可施了。

答：

你的女儿一直处于"内部世界"，还没有在"外部世界"找到容身之处。她非常在意他人的目光，和他人接触就会紧张，没有动力，也没有自信，因为不愿意自己一个人待着，所以每天都和母亲您待在一起。为了能顺利地进入"外部世界"，她需要和朋友及其他人相处，并且不能为此感到紧张，要有自信。如果她不能建立自信，就无法对外部世界感兴趣，就会不断地陷入自我厌恶中，然后留在家庭的内部世界不出来，只能通过和母亲待在一起来消除不安的情绪。

在家庭的内部世界，即便自己不做什么，父母也会给她提供一个容身之处。而进入外部世界，她就需要自己去探索与寻找容身之处。在外部纷繁复杂的世界中，若她的存在能够得到他人的认可，所待的地方能给她安全感，那她就能够找到满足自己需要的容身之处。比如，与其他人能建立伙伴关系的学校、职场、团体，或者通过结婚自己创造的家庭等都是容身之处。

你的女儿其实知道自己不去找容身之所是不行的，现在这种茧居的状态对于家长和孩子来说都很艰难，但是也请家长让孩子慢慢成长。

虽然她一外出就会很痛苦，他人的眼光使她紧张，但她还是会去超市打工，这不是很好的事吗？你要多给予她认可，如果女儿离不开母亲，总想黏着母亲的话，那就多给她拥抱吧。

不光是在身体上拥抱她，也请在语言上给予她包容和鼓励。多夸奖她去打工的事情，给她希望。父母要多给一些鼓励，比方说："你已经没问题了，你能够和人好好相处，拿出勇气来！"女儿也就能逐渐对外出有动力了。

如果可以的话，母亲也到超市去打工怎么样？既然孩子想要和你在一起，那么你也外出打工的话，女儿应该就不会想要辞职了，而是能够继续做下去了。母女打工没必要是在同样的时间，但只要是母亲的容身之处，想必孩子也能安心地留在那里。

专栏

不断变化的心态

"孩子的心理"和"成人的心理"之间的矛盾并不只存在于青春期，人的一生都存在这种矛盾。所谓成长，就是从"孩子的心理"过渡到"成人的心理"。对此我却有一种不同的看法。

我认为，无论是"孩子"还是"大人"，每个人都同时有着"孩子的心理"和"成人的心理"。虽然很小的孩子只有"孩子的心理"，但是青春期以后就会同时拥有"孩子的心理"和"成人的心理"了。刚进入青春期时，"孩子的心理"还是占据主要地位的，"成人的心理"才刚刚开始萌芽，孩子对二者还不能很熟练地转换与运用。

人变成独当一面的大人后，基本上就能够自如地使用"成人的心理"了。但是，在压力过大、劳累的时候，失败没有自信的时候，人们会暂时倒退回"孩子的心理"。如此一来，一个人就算想自己解决问题也解决不了，而只能向他人或用其他方式求救。比如，有些人就会想到心理咨询。但是，如果一个人采用的方法是错误的，如利用酒精、药物、赌博或对某人过度依赖，这些事最终都会导致人的崩溃。

因为青春期还不能很好地应用"成人的心理"，软弱的自己和有动力的大人这两种角色在不断地反复转换。若是过度退化到"孩子的心理"，就会产生茧居的现象。

　　长期的茧居会使人陷入恶性循环，距离外面的世界越来越远，此时再想进入外部世界就很难了。

专栏

心理疾病与霸凌现象

若没有什么意外，普通人都能够顺利地从内部世界迈入外部世界。但是，如果存在某种阻力将人困在内部世界，人就不能顺利地成长，这可能就是心理疾病和霸凌。

心理疾病会阻碍人进入外部世界。比如，精神分裂症就是人的内部世界和外部世界完全处于一种被扭曲的状态，幻觉和妄想等不断地干扰着自己，使人感到极度不安。人就会在自己的内心建立一面墙将自己与他人隔离，之后进入茧居状态。

广泛性发展障碍、阿斯博格综合征的患者无法处理看到、听到的信息，所以也就不能推测他人的心情，也不会察言观色，导致这些人和他人交往屡屡失败因而失去自信。

创伤后应激障碍（PTSD）的患者因过去的心灵创伤（外伤体验）会很害怕再体验到类似的创伤，和他人接触时会畏首畏尾，犹豫踌躇。

遭受霸凌会阻碍人进入外部世界。因为外部世界一直都在威胁着自己的安全，所以人会害怕走入。但是这也要根据其受欺辱的程度来判断。

遭受轻度霸凌的人，还是能够找到向外的通道的。尽管这些人刚步入外部世界时会因与他人的纠纷而受到伤害，但仍能学会跨过这些悲伤而自立。这样小程度的霸凌大多能刺激孩子的成长。

　　但是如果霸凌是充满恶意的、很严重的，那么这就会给人造成很大的伤害。严重的霸凌就需要全社会的力量来解决了。但是，现在并没有很多因此而茧居的案例可供参考。

　　确实，现在的学校及社会有各种各样的问题。如果学校、团体或者特定的班级常出现暴力、霸凌现象，导致学生不想上学，那么学校和老师的管理能力就是有问题的，他们都应为此负责。

　　话又说回来，即便是学校有问题，但是如果大多数孩子能够适应，只有小部分出现问题的话，我们也不能说这全是学校的责任。

哪种性格的人容易茧居

问：

　　我家孩子是否属于那种容易陷入茧居的性格？他原来性格很好，开朗善良，但是同时也有容易神经质、较真儿等缺点。另外，他还有过于自信的一面，所以若是他想的和现实不同，他就会很痛苦，然后失去自信。

答：

　　一丝不苟、有洁癖、没安全感、死板、不接受不合自己心意的事情、自尊心强、不想破坏自己的规则，这些大概都算容易陷入茧居的性格了。

　　所谓性格，人们普遍认为这是某个人固定且特有的属性，但是根据情况的不同也会有不同的变化。特别是在青春期，因周边的事与人所带来的不同体验和经验会使一个人的性格产生变化。

　　一般存在两种情况，有时一个人即便觉得自己的性格不好，想要改变一下，却也没什么效果；有时却并非本意，但也会被逐渐改变。

　　为什么会出现这种状况呢？性格一般都是人们自己认定的，自己给自己这个人所下的定义。所以改变它对一些人来说就是否定自我的行为。这么做可能会让人失去自信，行为处事变得进退维谷，缩手缩脚。

　　反过来想一想，人们要是觉得自己的性格还真是不错，这就是一种自我肯定的行为。所以，与其给自己那种"不行，我要改……"的暗示，还不如对自己说"我这样就很好了"，肯定自己，人们这样做就能够给自己更多的空间，以便更加冷静地与他人接触。

实际上，能够自我肯定的人即便从未主动做过什么改变，但在他人看来也是在逐渐变好。

和万能的自己说再见

问：

我儿子升学考试成绩不理想，第一年复读在家，一边上考前班一边准备考试，第二年就开始把自己关在家里，总说："已经来不及了，这样下去的话还是会落榜的，我还不如不考！"他希望去读公立大学的医学专业，认为："若读不了，我活着也没什么意思！""在重学历的社会中生活，我已经回天乏术了，不论我再怎么努力也不能改变现实！"

我儿子完全放弃了自己的人生，偶尔还会说出："我什么都做不了！""不论怎么活着都没意义，我已经失去了一切，什么都没有了！"他将自己关在房间里，足不出户。我们当父母的应该如何做呢？

答：

因为你的儿子在初中时的学习成绩相当好，他的自尊心也就相当高。但是到了高中，他没获得令自己满意的好成绩，这就打击了他的自信心，最终他也没有考上自己理想的学校。

他所谓的"生存意义"是指他的自尊心能否被满足，比如考上理想的学校，也就是公立大学的医学部。考不上对他来说也就等于失去了人生的意义，他也就只能放弃自己了。

你的儿子有必要重新建立自信心和自尊心。他一直以来都要求自己做到百分之百，这是他必须放弃的想法，并且试着去接受百分之六七十优秀的自己。一个人会经历伤痛、烦恼、纠结，最终得到一个百分之六七十优秀的结果，就要接受这个结果。在这个过程中，父母是不能直接进行干预的。

一旦人的价值观崩塌，想要重新建立起来是很难的。父母不必手把手地教导孩子，孩子也会耳濡目染地习得，而且如果父母能够重新审视自己的价值观，孩子也就能从自己原来的价值观中获得解脱了。

第 2 章

孩子成为茧居族，并非父母的错

家庭的"心结"

问：

我的丈夫三十多岁，自从身体不好以来，他就从公司辞职了，之后就一直蛰居在家。他的原生家庭有很多问题：我的婆婆、公公不和，他也一直被哥哥欺压，而且家人间互不关心，公公就对他的事很冷淡。

丈夫因过去的经历而难以对他人抱有信任感，这导致他和上司也不和，现在他完全陷入了怀疑别人、疑神疑鬼的心态中，而且他对自己的评价也很低。我觉得如果他有什么能够说出来、哭出来，甚至发泄出来就好了，只要他能把自己的感情表达出来就行。但是他也不信任我这个妻子，所以我们之间从没有好好地谈过。

答：

你的丈夫在养育他的家庭中遭遇过相当多的负面问题，因原生家庭产生的"心结"一直留存至今。

所谓家庭的"心结"就是家庭关系的僵化。人和人相处久了，痛苦和喜悦都会产生，家人之间会对彼此有过多的期望，如果这种期望得到了回应，那当然是很令人开心的；但是如果这种期望得不到回应，人往往就会感觉自己被背叛，并且会为此悲伤、失望和愤怒。

由于他的原生家庭一直都不和睦，夫妻之间、婆媳之间、亲子之间、兄弟之间都存在问题，这种人和人只要走近了就会产生问题的想法已经在你的丈夫心中生根发芽了。所以，不管是同事关系还是夫妻关系，他都会依据他自己以往的经历来预设一切都不会顺利。

他在和公司的同事相处或和自己的妻子相处之初也许会挺好，但因为他在内心深处有这种预测和不安，所以事态逐渐就会走向他预测的方向。

家人之间的关系一定会有喜有悲。正因为是对自己而言很重要的人，人们才会真正渴望和对方保持良好的关系，这就是所谓的家人之间的爱。如果一个家庭对于一个人来说不重要，那么他也就不会对家人有所期望和依赖了。

不管什么样的家庭都会有"心结"。但是，因为家人间相处肯定曾有过幸福的体验，所以人们才能在和家人沟通后解开心结。

但是，如果家庭的心结过于严重，问题就不好解决了，因为此时所有人都没有办法很好地说出自己的想法。你的丈夫已丧失了自信心和自尊心，连正常的工作和社会生活都被影响，身体逐渐变差，已严重到连门都出不了，最后只能茧居在家。

我觉得这种心结可以归因于负面情感的累积，有这种心结的人可以通过谈话、痛哭等方式来治疗，帮助自己释放感情、打开心结。但是，实际执行不会那么顺利。回想过去的痛苦经历，光是述说本身就很痛苦，触碰心结会使人更敏感，当事人好不容易建立起来的自尊心也会瞬间土崩瓦解，毕竟这是一块连他自己都不敢触碰的地带。

本章主要介绍的是各种各样的家庭心结，会以具体的案例来逐一分析。

言归正传，你的丈夫"对妻子抱有不信任感"，这种不信任感难以被摧毁。若想解开他长年以来的心结，我们先要让他感受到信赖感和安全感。他需要一种"如果是这个人的话，或许能听我讲讲，能懂我"之类的信赖感。我相信只要有这份信赖感，他就会逐渐改变。

"肩膀酸痛"的家人

我一直将家庭的压力问题比喻为"肩膀酸痛"。肩膀酸痛实际指的就是长时间使用身体而自然引起的一种肌肉疲劳。不管是谁，只要是其身体被超负荷使用就会有这种疼痛，这并不是一种异常或疾病。疲劳积累得过多就会产生肩膀酸痛的症状，因为很痛，所以人们才尽量不去使用肩膀。

家庭的"肩膀酸痛"原理也是如此。关键的心结没有被解开，被尘封在记忆里，人们尽量不去触碰它。这块肌肉由于变得僵硬而不能动了，人们就会用其他部位来代替。这种处理方式在年轻的时候还算有效，但常年积累后，这块不能动的肌肉就会越积越大，最终导致人们的手脚都会变得迟钝而很难有所动作。

解决和家人之间的问题的关键点也在于此，虽然家庭中要解决的问题有很多，但是因为一触碰就会让人异常疼痛，人们也就解决不了任何问题。这不是人们常说的心灵脆弱、心理疾病、当事人能力不足或心智不成熟，而就是简单地使用过度，这是任何人都会遭遇的状况。

如果症状没有那么严重，人们自然而然就能恢复。但是若严重到一定程度，人就要接受按摩才能恢复了。找出症结所在，通则不痛，痛则不通，温柔地、慢慢地揉开，使其通畅就不会那么疼痛了。如果外行人上手，人们将感到疼痛不已。但若是将症结交给专业的按摩师，人们就能放心，即便痛也能安心地让他去解决。

专业的按摩师依据以往的经验就能判断出哪个部位是症结所在。被专业人员碰触可能会让人很痛，但是这不会有什么害处。患者自己也明白，这是为了治愈而必须经历的疼痛过程。

专业按摩师能够真正理解当事人心中的伤痛，帮其在能承受的范围内说出症结的位置以及为什么会有这样的心结存在。若专业按摩师能够引导出这种被患者一直藏起来的隐秘部分，患者的疼痛就能得以缓解。之后虽然症结可能没有什么太大的变化，但是若再触碰，人们也不至于像之前那么痛了。

如果把症结处揉开，那么之前一直疼得没法动的地方就能在日常生活中自由活动了；之前一直因为过于疼痛而害怕说出来的心结自然也就能够说出来了，最后人们也能自然地和人相处了；之前一直不能和外部世界沟通而成为茧居族的人，也能跨越这种心结和疼痛开始与外界联系且逐渐好转了。

重症患者的症结可以说是相当严重，可能不管过了多久他们仍然会过不去那个坎儿，比如，父亲不知道如何处理孩子茧居的这种情况。当然，孩子在健康的时候父亲会与其自然地相处，而一旦孩子出现问题，父亲是应该严厉还是应该平和？应该温柔以对还是应该积极鼓励？在这种时候，父母们并不知道明确答案，就会无意识地参照自己曾经的体验。

如果成年人认为自己和自己的父亲之间的关系是不能碰触的心结，他就不会愿意重拾这种体验，和自己的孩子的心结也就会越积越久。尽管他不想回忆自己小时候的痛苦经历，但是又认为自己必须帮助孩子解决当下的问题，最后他在左右为难中陷入苦恼，处理时就只能说出："为什么你就是做不到呢？"父亲自己其实也知道这是带着愤怒且难听的话，所以为了避免自己再说出同样的话，他就干脆将交流的问题交给孩子母亲，而自己则放手不管了。

为了能够解开孩子身上的心结，父亲需要去解决自己与父亲之间的问题。人们可以选择和心理咨询师倾诉自己和父亲之间的症结，解开尘封已久的心结。一般来说，即便人们深知自己和父亲之间的心结有多么疼痛，却仍会因对方的父亲身份而压抑自己，只有释放这种愤怒，人们才能解脱。而且这种心结一旦明了化并被摆在桌面上，连当事人也会惊讶一直以来自己都是如何压抑这种愤怒的。

隐藏的愤怒明了化之后，当事人就会明白自己对孩子茧居的愤怒其实源于自己曾经对父亲的愤怒，它只不过是被投射在孩子身上而已。

　　在人们明白了这些缘由之后，由于自己的心情已得到整理，对孩子的愤怒也就化解了。

　　尽管此时孩子的状况并未出现很大的变化，但是父亲对孩子目前的处境却能够心平气和地面对了，与儿子的交谈也不会像之前一样畏首畏尾了。

孩子茧居是家庭造成的吗

问：

　　"家变了，孩子也会跟着改变。"孩子是不是因为家庭的原因才开始茧居的呢？是不是茧居就是家庭造成的呢？

答：

　　很多人都多多少少地相信"茧居是家庭造成的"这种说法。孩子茧居不就是父母的错吗？不就是家人的错吗？总会有人这样讲，但是这其实是一个有待探讨的重要问题。我会从"是"或"不是"两个角度来分析这个问题。

　　我们先从"是"的角度来说明。茧居这件事归根结底就是茧居者本人的问题，青春期的孩子希望自立，想要长出翅膀自己飞翔，但这需要一个过程。从根本上说，孩子需要经历一段纠结的体验，并且需要用自己的力量去解决问题。

　　但是，孩子会在什么样的环境下成长这一点很重要，而家庭会影响孩子对这个过程的体验。如果家庭成员能给出一个好的范本，孩子在与人接触的时候也会更加自信。

　　若家庭成员在为人处世上就有问题，孩子当然也不会有自信，也就很难与他人建立亲近的关系了。

　　我们再从"不是"的角度来看，即便一个家庭存在很多问题，孩子也不见得会成为茧居族。每个人的人生都会经历各种各样的问题，我们每天都要面对很多不如意，我们不能逃避，要直面应对，不管有什么事情发生，我们都要——解决并设法生存，这才是我们要过的人生。跨越苦难和烦恼后，我们会有那么短暂的一刻感觉活着是幸福的。如果一个人一路走来都是百分之百的幸福，那么他就会认为幸福这件事是理所当然的，从而对幸福感到麻木。正是因为人们曾经遭遇过不幸，所以才能感受到追求幸福与获得幸福的那种美好。

家家有本难念的经。即便你因家庭问题而感到可耻和自责，也不要因此失去自信。不要对问题视而不见，重要的是要和家人共同面对，冷静地坐下来好好沟通，或者找专家来帮忙解决，总之，需要用积极的态度来解决家庭问题。

在处理临床个案的时候，我遇到过很多这样的情况，大家的问题基本上都是相似的。我发现，若全家都没有活力，每个人都在自责，同时也在责备他人，这样只能让所有人都失去对家庭的信任。

谁都会有失去自信想要把自己关起来、逃避变化并尽量保持原样的时候。一个家庭处于这种状态对于孩子的成长当然是有百害而无一利的。请以更加轻松自在的态度看待孩子，让孩子舒展个性，大方快乐地和家人相处。

改变父母对待孩子的方式

问：

我弟弟一年前从公司辞职后就一直没什么活力，只要母亲训斥他，他就会说："我本来就是个废人！""为了不给家里人添麻烦，我会搬走的！""变成流浪汉也无所谓。"

在我们家，母亲对我们的照顾一直是无微不至的，父亲也很慈祥，我们就是被这样宠爱着长大的。但弟弟总是抱怨说："高中时，父亲都没有和我谈过将来出路的问题。"

和上学时一样，母亲仍细心地照看着我们。我们母女经常闲话家常。但是只要说到弟弟找不到工作的事情，母亲就会很生气地和弟弟说："年纪轻轻不工作，不是很可惜吗？""不管什么工作都好，赶紧找一个！"甚至会说："为什么不工作？像你这种人就应该赶紧从家里滚出去！"

虽然弟弟的这种行为让家里人很担心，但父母平常仍像照顾小孩子一样照顾着他。弟弟在家什么也不做，也不见他有要去打工的意思，天天就这样无所事事，把自己关在房间里上网或打游戏，等等。这样的情况竟然持续了一年，实在是让人不能理解。

答：

从姐姐的立场，我们很客观地了解了母亲、父亲和弟弟之间的相处方式。如果家人之间改变相处的方式，弟弟就会跟着改变。

你的弟弟不管是过去还是现在都是在备受宠爱的环境下成长并生活的。既然他进入过社会，曾经有过工作经验，那么他一定就具备成熟的大人的一面。但是，从现在家人与他的相处模式来看，你们仍把他当成"一个涉世未深的不成熟的孩子"，身边的人对他还是边疼爱边训斥。在这种环境下，他也就会有一种自己还是"没有成熟的孩子"的错觉。

孩子青春期时，家长要根据孩子的变化来改变自己和他们的相处方式，一直与孩子像其小时候那样相处是行不通的。与青春期前相比，家长和孩子的相处方式应该有 180 度的大转变。

在孩子青春期前，家长的眼光应着重放在孩子的内部世界，保护弱小无力的孩子。迎来孩子的青春期后，家长应该解除一直以来对孩子的保护，帮他们进入外部世界。这对于家长来说是非常大的变化。

舍弃之前的做法而采用新的做法，这种变化自然会带来一定的风险。如果父母总是犹豫，那么孩子就不会改变，也就不会有所成长。

比如，我们来探讨"搬走"这件事。以你的弟弟的年龄来看，他确实可以独自居住了，但是说要搬出去的弟弟和训斥他的母亲都没有付诸行动。其实我们换个角度来看，母亲总会说些训斥的话，但是在吵骂结束后一切又归于平静。母亲并没有真的让他搬走，她心里还是认为这孩子搬出去独立生活是有问题的。因此，如果母亲真的认为弟弟搬出去也可以自己一个人好好生活，那么这实际上也是在给弟弟创造一个好的自立契机。

因此，母亲要先改变想法，你可以在她身边帮助她，先倾听她的真心话，她很有可能是觉得弟弟在家中晃晃悠悠地正好能和她做伴。不过母亲也许并没有注意到这一点，请让她好好地想一想。

解决问题的关键之一就是父亲。你的弟弟一直记恨着父亲没有在他选择未来出路的事情上给过意见。他认为父母并没有好好地照顾自己，所以自己才不能自立，才会依赖父母。

其实只有真实感受到父母是在关怀自己之后，孩子才会离开父母而自立。现在的情况正是一个让他与父亲沟通的好机会。一个人想要转变自己的人生方向是需要很大勇气的，往往很难独自一人下定决心，此时父母需要给孩子引路。

忙于工作的父亲和家人相处的时间很少，也不习惯和家人相处，不知道怎么和失去人生方向的儿子交谈，这也是父亲的困惑。他也会认为自己一定要做点什么，但是又不知道做什么才好，所以此时你也需要帮助父亲整理心绪。你们的家正逢多事之秋，但现在也正是父亲学着与妻儿沟通的时机。这么看来，家人能做的是很多的。

一直照顾孩子的"心结"

问：

我儿子茧居已经有七年了，他也快 30 岁了。在正常情况下，他应该能够好好地自立自主，成长为社会人了，但是他到现在还要我给他零花钱。这样的状况要持续到什么时候？父母要照顾到什么时候呢？

答：

对于父母来说，这是一件令人非常担忧的事情。可能在父母心中，这孩子还不能自立，还是很弱小的孩子。只要父母一直这么想，就得一直这样照看着孩子。

父母和孩子之间的关系就会变成恶性循环。若这样的状况一直持续，孩子就会变得越来越无法自立，这对孩子来说没有任何好处。

想要扭转这种恶性循环，父母要先改变自己的想法，认同"虽然孩子现在在茧居，但他并不是一个一无是处的孩子，实际上他应该能够很好地自立"这种想法。因此，父母应控制自己对孩子过于保护的行为。

孩子在没有父母照顾和帮助的情况下可能会感觉很不安，甚至会用各种方式让父母出手帮忙，但是此时父母绝对不能上当。家长不答应孩子的要求，不照看孩子，这是对孩子的一种信任。把这种信任感传达给孩子之后，孩子就会放弃依赖父母的这种行为而尝试独立了。

以我的经验来看，世间就没有那种一无是处的孩子。不管是看上去多么平凡的孩子也会有闪光点。请父母先削减他的零花钱，再与他谈谈，告诉他："你必须自立了，马上做到可能还比较难，但是要一点点地接触社会，你要相信自己是有这种能力的。"请这样清晰地向孩子表示你们的坚决态度。

专栏

茧居和日本文化

日本的茧居族特别多，这是其他国家比不了的。但我在对欧洲、亚洲各国调查后发现，不能离开父母独立、一直留在原生家庭中，和他人不能很好地相处的年轻人不管是在哪个国家都存在。这是一种超越文化差异的普遍现象。但是，即便如此，其他国家的茧居族数量也没有超过日本，茧居这个现象在其他国家也只不过是一小部分的专家在讨论的事情。像日本这样茧居能够成为社会问题的不多。不光是心理学家，民众甚至政府也一同来关注、分析并找出解决政策的也就只有日本了吧。勉强说的话，也就是韩国能与之"比肩"，最近一些韩国年轻人因网络成瘾而受到了社会的广泛关注。

在日本文化中，有几个主要的因素会诱发茧居族的出现，那就是日本的亲子相处方式、重学历的思想以及日本人特有的群体优先的传统文化。

第一个重要的原因是日本式的亲子相处模式。对于日本来说，亲子之间相互扶持的传统既是好事也是坏事。但是，存在类似亲子关系的不只是日本，在亚洲的韩国以及欧洲的拉丁文化圈等国家或地区的文化中也存在这种相处模式，而日本在其中是尤为突出的。

在欧美，孩子一旦到了20多岁就会离开父母，与其分开生活。当然亲子的羁绊是持续一生的，分开生活并不表示亲子关系变淡。这种对待方式可能类似于我们对待学生时代的朋友、过去的恋人。父母是很重要的人，分开后会感觉很怀念，也会为对方处于困境而感到难过。但是，不管对方出了什么问题，我们也不可能替对方去承担责任，为对方包揽一切。

日本的亲子文化则都是围绕着"羁绊"形成的。在第二次世界大战后的复兴时期和大地震时期等所有痛苦的时期，大家都是互相扶持着挺过来的。对于日本人来说，亲子关系是直到死为止持续一生的关系，这是日本的传统。但是若这种传统过度的发展就会带来负面的影响。

因为各种各样的理由，不能顺利融入社会的年轻人，不管在哪个时代都是存在的。欧美社会的文化主张自立，他们认为孩子长大后就一定要离开家，在社会中独立，如果不适应社会，就会被孤立而成为无业游民。而日本文化的传统亲子关系是孩子能够茧居在家的一个重要条件，这种传统是茧居的温床。这不是在说茧居和无业游民哪个好或者哪个坏，只是所滞留的地方不一样，二者在根本上还是有共同点的。

在日本，孩子无法顺利生活是父母的责任。孩子不管多大了，父母都会想着要照顾他们，结果孩子就变成了茧居族。

第二个重要的原因是受重视学历的社会风气的影响。

不管在什么社会，学历都是很重要的。18 岁前后正是高中毕业以及离开父母、摸索着自立的时期，这两个阶段正好重合了。这个年龄段的孩子还不能很好地用自己的力量发动自己的引擎来决定未来。

孩子好好地思考后或许还是可以做出判断的，但是急于求成的父母会擅自帮孩子判断结果，这可能会导致孩子升学失败。若无法顺利升学，孩子就会想："这本就不是我想选的，是父母擅自给我做的决定。"然后开始不断地责备父母。因为现在的学历竞争很激烈，父母会不安于孩子的缓慢前进，主观地启动了自己的引擎。结果孩子的引擎就错过了发动的时机，孩子过了这个时期也就很难独立了。

第三个重要的原因就是，日本的群体优先文化使人们在社会上找到自己的容身之处很困难。

在欧美，实现个人价值、立下志向等行为都带有一定的宗教色彩，是由信仰精神来规范的。人们觉得独立、自立是实现自我价值的一种途径，是超越现实世界和神签订的契约，这一切都是向神证明自我存在价值的一种行为。如果被神抛弃，人们就会怀疑自己的存在。

在日本文化中，神被"世人"所取代（世人指的是社会上的人）。日本人认为自己和社会上的每一个人都会有所关联。有一个相应的容身之处是和生死同等重要的问题。一个人一旦被大家疏远而失去了容身之处，也就失去了自己的存在价值，也就只能变成茧居族了。

在欧美，所谓的自立是指离巢并开始独立，不再与原生家庭一起生活。人们坚信自己一个人也可以飞翔并找到自身的价值。

而日本社会的自立是指，虽然孩子会与原生家庭在经济上实现分离，但是在其他方面并未完全地分离，而是会一生都保持着亲子之间的羁绊。亲子关系只是从小时候完全依赖的关系变成了不太亲密的关系。融入社会并不意味着靠自己的力量单独飞翔，而只是换了个容身之处，创造另一个自己的归属地而已。自己作为这块归属地的一员在新的容身之处和其中的人打交道。为此，人就要向群体里面的人展现出自己的作用和价值，同时还要察言观色，敏感地读懂所在群体的气氛，并依此来灵活地决定自己的行动。

欧美文化中的自立并没有特别强调人要感受周围的气氛。在日本人看来，他人的看法却是关键，因此日本人在青春期对于自己有没有读懂群体氛围这一点非常重视，会很担心自己是否有这样的能力。欧美国家的年轻人主张自我的个性，日本年轻人则必须要先考虑他人然后再保留个性。在日本也有不能够完全掌握其中技巧的年轻人，那么他们就会在和他人相处时紧张、不安，经过多次的失败之后可能就会开始茧居。

　　这样考虑的话，茧居这个问题就不是个人、学校或是家庭能够单独解决的问题了。

夫妻之间不能融洽相处的"症结"

问：

我女儿长时间茧居，她说："父母教得不好，把我的一生都毁了。"我们夫妻之间也不和，我和丈夫现在处于分居状态。孩子说的话我也不是不明白，我觉得女儿很可怜，我是向她道歉好呢？还是放手就这样不管好呢？

答：

如果父母对儿女有过错就请道歉吧。如果夫妻二人不和，孩子的确会受到影响。

第一，夫妻不和的场景会让孩子产生心理阴影。如果夫妻二人会相互伤害，使用语言暴力、肢体暴力、无视对方、不断地离家出走，这种经历就会对孩子造成心理创伤。就算其中的每一件事情都是小事情，但总是重复积累就会造成可怕的后果，这是很可怕的事情。孩子在成长的过程中会一直不安和恐惧。

第二，本来应该很亲密的家庭并没有展现出亲密与安全的状态，而是在互相伤害。青春期的孩子正处于试着通过自己的力量和外界建立良好关系的初期，如果家长有这样互相伤害的行为，就会导致孩子缺乏对他人的信任感。

第三，在夫妻不和的家庭中，若孩子和父母一方的关系亲密，这一方就会让孩子成为自己的"同伙"，迫使其加入夫妻之间的纠纷。多数情况都是母亲对父亲抱有厌恶感，有意识或者无意识地影响孩子。孩子想要讨母亲喜爱就会选择和母亲站在一起，排斥父亲。本来应该和睦的家庭却让孩子学会了排斥自己的家人，这种排斥会被其同样地转移到自己的同学身上。

若这样的状况长时间持续，孩子就会对父母抱有愤怒的情绪。如果把这种愤怒发泄出来，一定会如暴风雨般猛烈。而如果不能表现出来，其中的攻击性就会被隐藏在内心深处，孩子就会伴随这种无言的愤怒痛苦地活一生，他的身体状况可能会出现问题或者可能会出现有问题的举动。因此，家长应该坦诚地承认双方的不和，认真地和孩子沟通并就造成的影响向孩子道歉。家长向孩子承认过错是一件很痛苦的事情，家长或许会认为，这么做会让孩子看不起自己，有损家长的威严。但是，事实并不是这样，如果家长坚持不承认自己的问题，也不好好道歉，那么孩子有一天就会直接指出父母的问题，并且对父母逃避问题的行为表现出轻蔑。

如果父母勇敢地向孩子展现出自己正视现实的姿态，孩子也会有勇气接受现实并重新考虑自己的处境。父母承担起自己夫妻之间的责任，孩子也会承担起自己的人生责任。事实上，不管孩子遭遇了多少逆境，若他认为这些逆境阻碍了自己前进并固守这种想法，那么这就是转嫁责任的行为。尽管这类家庭的孩子背负着很大的负担，但是仍有很多孩子并没有茧居，而是好好地面对自己，最终成长起来。家长的态度最重要的就是不要往不好的方向看，而是要朝积极的方向思考。虽然夫妻不和是件令人遗憾的事情，但现在正是离婚率高居不下的时代，夫妻不和并不是难以处理的事。夫妻本来应该好好相处，但是真的不能继续下去时，就要好好地和孩子说明白，让孩子知道实情。

即便是家长没有办法好好处理夫妻关系，也没有必要失去与孩子相处的自信。孩子把自己的失败都转嫁到父母身上，这是父母绝不能认同的。但是，父母要理解孩子的痛苦，也要接受自己的痛苦，不管是父母也好孩子也好，都应该为自己所做的事付出代价并承担相应的责任。即便夫妻间无法相处，也不要后悔和失去自信，要认识到自己的极限和缺点，同时积极地向前看。若是父母展现了这种态度，孩子也会跟着学习。这样一来，就算孩子在人际关系中受到了伤害，他们也不会选择逃避社会去茧居，而是会勇敢地选择面对。

父母承担责任的功与过

在孩子成长的过程中，父母却不断地替孩子承担着各种责任，这样一来孩子是不会独立的。

人身处社会中当然会遭遇各种各样的危险。青春期之前父母可以挺身保护，从危险中拯救孩子，尽父母的义务，但是青春期之后孩子就要用自己的力量去保护自己了。保护自己的这种责任应从父母转向孩子自己。

其中这个转变的时期是非常难把握的。父母判断孩子在某种程度上可以好好地承担之后，要逐渐放手，让孩子对自己负起责任。若这个放手的时机过早，孩子就会身处危险之中；若过晚，孩子就不能自立。事实上，父母一直保护孩子，什么都替孩子负责，孩子就没有承担责任的机会，这个磨炼时机也始终不会出现。之后孩子会一直依赖父母，责怪父母。

最好的处理方法就是，父母稍微放手，让孩子有一次练习的机会，即便是失败了也不会有多大损失。这样的练习重复多次，孩子就会知道如何承担责任，如何保护自己了。

父母最迷茫的可能就是不知道孩子到底成长到什么程度了。因为没有明确的标准，父母必须根据自己的观察来判断。父母要根据自己曾经的经历做出判断，如果相信孩子是可以克服困难的，就要下定决心迅速放开保护的手。如果家长总是犹犹豫豫、左顾右盼，就会忽视孩子成长的征兆，错过时机。这种情况下，父母只能一直承担着责任，保护着孩子。父母的心情其实不用语言传达也可以传达给孩子。在保护孩子的时候，父母一旦产生"这孩子现在还不能保护自己"的想法且将其传达给了孩子，孩子就会得到自己还不行的暗示。

因为外边的世界会带来伤害，实在承受不了就可以回"家"躲起来，重复多次后就会撤退至茧居状态。一旦孩子筑起城墙就会像回到母亲的子宫内一样，完全让父母来承担自己应该承担的责任。"自己变成这样都是父母的错"的想法就会产生。而如果父母也接受了这种认知，那么后果就会越来越严重，甚至在最后认可孩子的茧居行为，从此孩子将失去接触外部世界的机会。

被孩子责备时，父母会怯懦，就会认为这些责备也是有道理的。父母的确也会遭遇很多状况，有时候会给孩子造成伤害，这也确实是事实。孩子在自立之前，父母会因为责任而一直照看孩子。但在青春期，父母是绝对不能怯懦的。父母在照顾不能自立的孩子的时候，孩子是没有办法对自己负责的。孩子因为不能从"万能的自我"中挣脱出来才会把责任都转嫁到父母身上。

完美的父母也不一定能够教育出完美的孩子。父母也是人，而不是完人，他们会给孩子一些好的影响，也会给孩子一些不好的影响。抚养孩子的过程不可避免地会存在一些不尽如人意的事情，但是多数还是可喜的事情。如果孩子说"都是父母的错"，父母先不要急着否定，像孩子说的那样也并非没有可能。对于真的感到抱歉的事，父母要诚恳地说抱歉。但是，这里有一个需要父母和孩子均认清的地方，即孩子现在的种种不顺是不能完全怪在父母头上的。请父母们一定要与孩子明确这件事。

父母可以用鼓励的话语来激励自己的孩子，比方说："你还是有很多优点的，你有这个能力！""不用借助我们的力量，凭借你自己的力量也能做到。只要认真去做，你一定能够成功！做不好也没什么大不了，请先做做看。"

父母要先理解孩子的心情，在承认自己责任的同时将这份责任的担子交接给孩子，让孩子逐渐明白与承担起自己的责任，并且始终鼓励孩子。

家人间缺乏沟通的"症结"

问：

我弟弟茧居已经有很长一段时间了，他没有进入社会的自信，也不知如何进入社会，为此只会埋怨家人。

我们家人之间也并不和睦，本来我家就是缺乏交流的那种家庭。就算发生问题，家人间也不会及时沟通，特别是父亲，他根本没有意愿与人交流。结果就变成母亲来照顾弟弟，担任弟弟倾诉的对象，弟弟可以连续几个小时一直责备父母过去的教育方式。

答：

母亲竟被责备到这种程度，这已是一种"亲情绑架"了，母亲的心会变得非常脆弱。我们必须先让母亲从你弟弟那里解脱才好。母亲现在的角色应该由你的父亲担当才对，但是你的父亲又不愿与人交流，这解决起来真是很困难。

人和人之间的社会性都是通过交流建立的，这种交流或许有失败，也会有成功。家庭成员之间的交流是练习这种社会性的好平台。若家庭成员之间交流的意识淡薄，这种练习自然是没有办法进行的。

这个时候的关键人物就是姐姐你了。想办法将弟弟从茧居中解救出来本是父母的责任，原则上我们不建议兄弟姐妹直接干预。但是，根据你家的这种情况，为了能够先顺利地引导父母，你的确需要伸出援手。

请你去做父亲的工作。说服不愿交谈的父亲这件事可能对你来说是有些困难的，但是如果父亲从心底在乎这个家，那么他就应该知道自己对于这个家的重要性和自己的责任。不要仅依靠母亲，这件事应该由父亲亲自和弟弟谈一下，才能够尽快地解决这个问题。请你将这些建议传达给你的父亲。

父母抑郁的"症结"

问：

我儿子茧居在家，完全不出门。因为我已和他父亲离婚，所以家里只有我和儿子。儿子白天和晚上都在看电视或打游戏。和我之间的话题，就只有电视节目和新闻。

当我想让儿子对我说点儿真实想法时，他就会扔下筷子回自己的房间。前夫也曾有类似的举动，只要有什么事情不如意，他就会摔烟灰缸、电饭锅，扯掉电话线。孩子的这个举动让我重新感到那时在前夫身边的恐惧。

我现在出现了抑郁的症状，已经开始服药了。我也不想去工作，一直都感觉自己很焦躁。儿子对我说过："妈，一直这样下去是不行的！"而我也曾借机给他推荐过夜校高中或者网络课程等上课方式。当时他看起来还有点兴趣，但是过后就又和什么都没发生过一样，这样看来他只是看气氛应付我一下。我是不是应该把他的备考用书放到他面前让他看呢？还是不必

多此一举，不再追问任何事情好呢？我到底该怎么办？我为此
感到非常焦虑。

答：

不用过于焦虑。儿子已经向你传达了"一直这样下去是不行的"这
种想法了，我们就可以着手去帮助他了。关于高中入学考试的事情到
底要怎么做，母子二人应该好好地谈谈，并找出一些可行的办法来。
但是也不能什么事都由家长决定，迈出第一步的人还应是他自己。你
应该和踌躇不前的儿子经常谈谈话，就算从现在开始也还不算晚，请
你告诉他，他能做得到。

但是，我想在这之前还是要先治疗你的问题。

为了能够向前引导孩子，无论是儿子还是母亲都需要很多"心灵养
分"。你现在处于抑郁的状态，内心的感受会变得很迟钝，这就无法心
想事成。你目前的状态只会让孩子的情况变得更糟，陷入恶性循环中。
你会传达出你的焦虑："你想怎么办？妈妈不知道该怎么做，继续这样
下去真的会垮掉的，根本看不到未来！"你的不安和焦虑会传达给孩
子，他当然会把自己关在屋子里了。

你过去曾遭受过家庭暴力，是吗？我们先要做的是治疗你的心理创
伤。如果你的内心留有那种恐惧感，你就会不自觉地将过去的体验和
儿子现在的所作所为关联起来，儿子一旦有一点点粗暴的行为，即便
不是很严重，也会反复唤醒你内心的恐惧，使你们无法好好相处。

所以，让我们先设法解开母亲的心结吧。帮你从这种抑郁的状态中
解脱，只要母亲能够恢复活力，儿子找到动力也是迟早的事情。

父母失去信心的"症结"

问：

弟弟已经茧居十多年了，但是母亲完全拒绝任何形式的心理咨询。就算作为女儿的我给母亲推荐，母亲也会强烈地拒绝："他那么有个性，哪里会有了解他的心理咨询师？""强行带他去做心理咨询，不知道会不会让他受到伤害，他可能会再次封闭内心，还是不要去好了！"

我感觉母亲已经非常害怕去解决弟弟茧居这件事了，而现在全家能够和弟弟正常接触的也就只有母亲。然而，母亲一次也没有对弟弟说过让他出去工作的话。再这样下去，弟弟更难被说动了。我也曾被很多心理咨询师建议过："先要从你母亲这里下手！"但母亲只是一味地逃避。

答：

你的母亲已经完全失去了信心，为儿子的事情已经是心力交瘁，她心中的伤痛已经很深了。我们在解决弟弟的问题之前，必须先恢复母亲的自信才行，这是第一个目标。

首先，还是由作为女儿的你来和母亲谈谈，先不要考虑带你弟弟过来的事情。

请你全力支持母亲，她在和专家交谈的过程中，会逐渐恢复自信，她的想法会从一直以来的"怎么都不行"转换到"或许还有转机"。

虽然从表面来看是弟弟在茧居，但是实际的茧居者是母亲。你可能觉得母亲还在正常生活，怎么可能会在茧居，但是我这么说其实是有原因的，你的母亲已经拒绝和他人交谈了。在"传达自己的真实想法""和他人主动建立联系"这两点上，她已经陷入不信任他人的思维模式中，或许她正恐惧地等待着被最亲近的人背叛。因此，她是不会劝你的弟弟和他人相处的，她可能已认同了茧居这个事实。

这样的母亲就是在情感上"茧居"。如果我们把这个问题解决了，连带着弟弟的茧居问题也能被一并解决。如果母亲不想来做心理咨询，就请你先单独过来，也请你告诉家里人，你确认过你见的这位医生很可信，会认真倾听大家所说的话，也会理解母亲所说的弟弟的特殊个性。

即便母亲不相信医生，但可能会因为相信自己的女儿而过来做心理咨询。也许一开始她还会抱着怀疑的态度，在心中抱有类似于"别人的儿子你知道什么"的怀疑。但那样也没关系，请先让专家帮母亲把心理防备卸下。母亲需要别人的理解，需要信任他人的体验。

有了这样的体验，母亲可能就会逐渐放下自己对人的不信任感了，就会和弟弟说出"快出去工作""和心理咨询师谈谈"一类的话了。

心中的肿瘤

有病菌侵入身体的时候，肿瘤就会出现，如果脓都聚集在皮肤下层，身体上就会有红肿脓包，并且一碰就疼。对于小脓包，人体可以通过自然的治愈能力将其吸收，但是要是脓包严重到一定程度，光靠自然的治愈力是不能解决的，此时患者就要到医院把脓包切开取出。心中的肿瘤也是一样的。伤心的、失败的等不好的体验都有可能如霉菌一样留在心中化为脓包。若人的心中有脓，人就会觉得自己是无用的和卑微的，完全失去自信心和自尊心。

对于心中的肿瘤，我们还是要趁它还未成熟的时候用一些积极向上的体验去中和掉它，让它被自然治愈。但是，当这个肿瘤大到一定程度时，它就不能被中和掉了，而会被留在心中。因为一触碰人就会疼，所以不管是谁不小心触碰到它，人都会感到愤怒，会在自己的周围建起围墙。因为过于疼痛，人就会将它缠上很厚的绷带，把伤痛藏起来，也把那周围的感情装置全都隐藏起来。虽然此时人不会感到痛了，但是我们不能这样做，毕竟把所有的感情装置都藏起来，人就不能使用这些装置了，像喜怒哀乐、活力、生存的希望、食欲、性欲、睡眠的欲望等凡是生存所必备的积极情感都会被阻断于内心深处，不能够被使用，实际上此时人就进入了

"抑郁"状态。

我们会用手术刀切除身体肿瘤。治疗当然是一件疼痛的事，而且如果在不卫生的情况下治疗，可能会使脓包更加严重。所以治疗需要一个干净卫生的环境以及一名信得过的医生。

心理医生治疗内心的肿瘤时重要的是不要向外泄露信息，要保守患者的秘密；而且对于伤情的判断，不要持消极否定的态度，给患者一个安全的环境。若不是自己能够完全信赖的人，人们是不会轻易地将手术刀交给他的。心中的肿瘤其实就是失去自尊心的羞耻的感情经验。这样的记忆必须是被慢慢地切开唤醒，然后再慢慢地被化作外部语言的。

我在这里介绍一个治疗案例。

一位男士一直对自己的贫穷家境抱有自卑感。贫穷便是他一直掩藏着不愿意说出口的耻辱。他在结婚之初生活得还算平顺，不久后家中就开始出现婆媳关系的问题。妻子不想与公公婆婆多接触，总是发牢骚，这是普通家庭经常出现的问题。但是，对于他来说，妻子对公婆过多的抱怨让他感到很不舒服，特别是当妻子提及家中的经济状况时，他就认为妻子是在嫌弃他家穷。对于妻子的话，他会突然生气地反驳："你这么说就不对了吧！"这也会伤害妻子。妻子其实没有那种意思，只是为一些琐碎之事抱怨。他这种愤怒的否定就好像他只在乎自己的父母而不关心现在的小家一样，妻子就觉得自己被厌恶了，觉得很孤独。事实上他还是很爱妻子的，也没有不关心他们的家。

这种事情重复发生几次后，妻子就认为他根本不想保护自己，两个人的关系就变得很冷淡。但他根本就没有这种想法。即便妻子只是在抱怨琐碎的小事，都好像在触碰他心中所介意的贫穷的肿瘤。他只不过是不想让妻子再去触碰肿瘤而已，对妻子发脾气也不是因为厌恶妻子。于是，我和他们夫妻二人一起对这个禁忌详谈了一下。他在我和妻子面前坦白地说了一切。对于一直都不愿提及的事现在却要将其说出来，他自然是很抗拒的。但是因为他觉得不会被批判，有安全感，身边的人也值得信赖，就全都说给我们听了，不过他并非一次性敞开心扉，而是分了好几次倾诉。我问了一些情况，认为他的家庭并没有他想象得那么贫穷，这根本没有什么可感到羞耻的。客观来看，事实确实是这样的，但是他并不这样认为。"家贫这件事情不能轻易透露给别人"这样的想法一直束缚着他，这在我第一次和他谈话的时候就感受到了。最终，他经过这番谈话之后已经从这种束缚中解放了出来。

妻子听了他的话之后，也明白了一直以来自己的丈夫并非不在乎自己，也并非只为原生家庭考虑，他的内心只是一直有某种禁忌。最后夫妻也就冰释前嫌了。

第 3 章

恢复父母的自信

父母要给予孩子最优质的爱和认可

问：

　　我丈夫去世已有十年了，这期间我一直都忙于工作，对孩子的照顾不太精心。我认为把孩子照顾到他上大学为止就是尽了为人父母的责任了。虽然孩子很感激我，但是他却突然开始在家茧居起来。我现在很后悔自己曾经给孩子的爱不够多，孩子变成这样，我一定有很大的责任。孩子茧居和父母给予的爱的多少到底有没有关系呢？

答：

　　如果你的孩子对你的养育表示了感谢，那么这就证明你给了孩子足够的爱，孩子也感受到了，既然孩子这么说，就请相信他吧。如果真要说哪里不足，那就是你对自己给予的爱不够自信，请对自己的爱更加自信一点。另外，爱有很多不同的种类。

虽然很多父母都担心自己给孩子的爱不够多，但实际上在茧居的家庭中"爱不足"的现象是很少见的。恰好相反，这类家庭中的父母给孩子的爱往往过多。关键不在于父母给了孩子多少爱，而在于这种爱的质量。

所谓的爱到底是什么呢？虽然它有很多定义，在这里我们所指的就是："珍惜你，喜欢你，从心底认为你好的心情。"若我们将其细分，爱可以被分为三种。

1. 依存的爱

你是绝对必要的，你就是我存在的理由，是我生存的意义。这种爱多存在于夫妻和伴侣之间，有时父母对孩子也会产生这种感情。对于父母来说，如果把抚养孩子当成唯一的任务，那么孩子的存在也就会变成父母生存的唯一意义。孩子对父母来说是不可或缺的存在，如果孩子不在身边，父母就会感到很焦虑。如果伴侣之间过于依靠彼此就会害怕失去彼此，会互相束缚，处在一种互相依存的状态中。而如果父母和孩子之间过于亲密，孩子就会变得不能离开父母独立生活。

2. 充满不安的爱

父母非常重视孩子，总是在担心孩子是否过得好，是否会遭遇挫折，是否会一事无成。父母因为怕孩子失败所以会一直提供保护，孩子有什么事情都会马上出手。这种做法在孩子小的时候可能更为恰当，但如果在青春期以后，父母还在给予孩子不安的爱，孩子就很难从父母的保护中成长起来了。

3. 充满安全感的爱

关注孩子的优点和成长状况，认可孩子有能力克服困难。如果家长能够将这种信心传达给孩子，孩子也会很安心、很自信。如果孩子知道自己就算不依赖父母也能把事情做好，就会自信地离开父母而独立，也深信身边一定会有人认同自己，所以会与各种各样的人相处。

从你的情况来看，失去了丈夫也就是失去了丈夫的爱，这是一件令人非常悲伤的事情。然而，你顶着这样的悲伤把爱给了孩子就是一件非常了不起的事。但是，你爱的方式不对。我感觉你给予孩子的爱充满了不安。请你试着让孩子感觉到更多的安全感，请一定要多给予孩子优质的爱。

你对丈夫有充满爱的回忆，而且也得到了孩子的感谢，这表明你有足够的动力去创造爱。但因为你曾被不安这种情绪干扰，在不安的情绪中过滤过的感情渐渐地就会变成担忧。而如果你所给予的爱是在一种无忧无虑、安心的状况下过滤出来的，那么这种爱就是一种信任和认可。要让孩子感受到你对他的关心和信任。

那么怎么样去认可孩子呢？我们在下一个案例中会为大家详细讲解。

启动孩子的引擎

问：

孩子说他不想去学校，想要退学。但是我问他，大学退学之后想干什么，是否想去工作。他却说，什么都不想干，也不想工作，就想这么一直待着，维持原状就好。之后我说，如果他不工作，他就没办法生活，他却回答没办法生活也没关系。不管说什么他都提不起精神，我真的不知道该怎么办了。

作为父母，我们当然希望孩子回到大学读书，即便退学了，也希望他能够去工作。但是现在我们与孩子就是完全沟通不了的状态，对于我说的话，他只会回复："我什么都不想做，你不要管我，给我出去！"然后就不了了之了。可以的话，我们希望能够和孩子坐下来面对面坦诚地谈一谈，一起解决这个问题。

答：

请先想想为什么孩子不想去上学，想一直在家待着。理解这一点是解决问题的关键。没活力的背后隐藏着很深的纠结和没有表现出来的心理原因。把这一点解决掉才是解决问题的根本。

父母和孩子之间需要多沟通。而现在的情况是即便父母和孩子搭话，孩子也只是敷衍，而且一旦被父母逼急了，孩子就会变得很焦躁，甚至说："我什么都不想做，你不要管我，给我出去！"这样继续下去，只会陷入恶性循环。孩子的焦躁其实源自父母的焦虑和不安。

为了让孩子积极地面对生活，请父母多付出努力。面对孩子"什么都不想做，这样就好"的这种想法，请父母心平气和地问问他为什么不想去上学、为什么不想去工作，听听他自己的想法。在询问的时候，父母一定不要带着烦躁的情绪，烦躁时人们是无法说出自己内心的想法的。

我来介绍一下自己曾接手的一个案例，这是一位意志消沉的年轻人的例子，他在说出内心的痛苦之后，逐渐从无精打采没动力的状态恢复到正常的生活节奏。

自从 B 君开始茧居，他的母亲就一直处于惊慌失措、坐立不安的状态，因此孩子不想和她说话。父亲和他说话，他也会无视父亲，什么都不回答。被无视的父亲一般都会很生气，就会大声呵斥他："你差不多得了！适可而止吧！"

父母两个人都到我这里咨询过，他们都很焦虑和不安。我在为母亲做心理咨询的时候，就感到了母亲强烈的不安。通过咨询我了解到，在 B 君无视父母这一行为的背后隐藏着他自己都难以叙说的愤怒和自信的缺失。结果，在我指出这一点后，B 君的父母就不再怒气冲冲地对待他了。

父亲开始劝 B 君来做心理咨询。虽然一开始 B 君说："我不想去那种地方，也没什么好说的！"但是因为父亲很有耐心地劝导，B 君终于答应和父母去做一次心理咨询。

起初一家三口在一起做心理咨询时，B 君只是机械地回答我的问题，明显是敷衍了事，很不耐烦。然后我就让 B 君的父母去了等待室，和 B 君进行了一对一的交谈。B 君的态度确实很紧绷，我很难与其对话，但是逐渐地他就能说出一些不能和父母说的话了。他在父母面前一直闹情绪，自暴自弃，有一肚子话却无法说出口，但若是面对其他人，他还是有倾诉欲望的。在听他说了一阵之后，我告诉他，我很高兴能听到他说出这些，想要再多听一些他的事，希望他再来，意外的是他当时就答应了。

第二次咨询是 B 君自己一个人来的，他和我说了很多。原来他对当年父亲没有尊重他的选择这件事一直耿耿于怀，升学考试中他同时被 E 高中和 F 高中录取，他想去棒球很强的 E 高中，但是父亲认为 F 高中的升学率很高，就强迫他去了 F 高中。虽然他自己并不想去，但是那个时候他没有向父亲表明自己的心愿。因为他对自己的决定没有自信，于是就尊重父亲的决定去了 F 高中。

但是，F 高中是一所很优秀的学校，学习好的学生很多，课程也很难，B 君在这里很难像初中时一样取得那么好的成绩。虽然自己进了棒球队，但是，因被前辈欺负，他也就不觉得社团活动很有趣了。无论是课程还是社团活动，他都认为这所学校不适合自己，渐渐地就越来越不愿意去上学了。

经过好几次面谈，B 君和我说了很多。但是，还是不能像与我谈话一样和父母交流。B 君对父亲心怀怒气，但是因为害怕父亲，所以这种愤怒只能被隐藏于心中。后来，我和 B 君说我可以替他传达他的想法，得到了 B 君的允许。

于是，单独和父母面谈的时候，我把 B 君的想法告诉了他的父母。父母说学校的事情，他们是知道的，虽然 B 君没有对父亲说出自己的想法，却对母亲说过，但是那时候父母却认为这只是小孩子不懂事，没有认真对待这件事。

通过咨询，完全失去了活力的 B 君逐渐找回了对生活的热情。他和初中时的好友经常见面，周末还会出去打棒球。半年之后，他翻开了一直以来都不愿意看的教科书，也开始想要挑战曾经放弃的升学考试了。最后，虽然 B 君没考上自己理想的大学，但还是顺利地升学了。

专栏

孩子的自信来源于父母的认可

这是我与一个母亲在做心理咨询时的面谈记录。

田村：你的儿子的活力引擎还没有正式发动，这个时候父母所要扮演的角色有两个。

一个是关心的角色，当 G 君的引擎停止的时候，父母要给予他及时的关心。

一个是认可的角色，当 G 君启动自己的引擎并刚刚驶入正轨的时候，父母要给予他认可，告诉他："对的，就是这样，继续这样就好。"

我想母亲可能比较擅长扮演关心的角色。

母亲：是的，我会关心孩子是否好好吃饭、是否吃得营养或健康之类的，还会担心他的零花钱够不够花。

田村：一日三餐和身体健康等都是非常重要的事情，你的关心是极其有必要的。因为 G 君还有小孩子幼稚需要照顾的一面。

同时，我们也要肯定 G 君坚强的一面，但是你好像不太擅长扮演认同的角色。

母亲："认可"这种东西要怎么传达才能让孩子感受到

呢？我一直很烦恼，我在孩子面前始终不能百分之百地表达，也不能把自己的想法明确地传达给孩子。

仔细想想，我自己都没有在父母那里得到过真正的认可。在我小时候，因为弟弟体弱多病，母亲总是陪伴在弟弟身边而很少关注我。我与父母的关系一直都不是很好，而且因为与祖母同住，我想母亲或许没有闲暇时间顾及与处理好所有事。作为姐姐，我什么都会做，所以基本上母亲也不管我。直到母亲去世她也不曾认可过我。而父亲则是那种全身心都扑在工作上，根本就不管家里的人。

田村：因为"认可"这种事情是一种心情。即便嘴上说着："你已经很努力了，真棒！"但是若心里并非真的这么想，"认可"也是不能传达到对方的心里的。确实，想从心里给予别人认可的人还是要有被认可过的经验比较好。因为从他人那里得到过认可的人，会不自觉地认可他人的优点。而没有得到过认可的人，不论是多么想要认可他人，也是不懂如何表达的。

母亲：对我来说，由于我没有得到过父母的认可，所以我在这一点上非常不擅长。因为父母的表扬而感到很开心之类的，这种事情一次都没有在我身上发生过。不过回想起来好像也有过一次，就是在我被大学录取的时候。

田村：你开始回忆往事了，这是一个很好的现象。当时的情况具体是怎样的呢？能详细告诉我吗？

母亲：在得知我被录取之后，父亲对我说："恭喜了！"之后握了握我的手。

田村：那个时候，您的心情如何呢？

母亲：实际上，因为考上的不是第一志愿的学校，我还是有点失望，但最后也接受这件事了，我也想过这样真的算好吗？虽然那个时候我真的有些迷茫，但是由于父亲握住了我的手，那一瞬间我就确信自己其实已做得很好了。

田村：对，就是这样的感觉，这种确信的感觉是很重要的。你唤起了非常重要的记忆。G君现在就需要你当时的那种感受。和别人相比可能会稍微迟一点，总之请先按照这种方式让你的孩子发动引擎。孩子现在的想法很消极，他在怀疑："这样真的行吗？现在追还来得及吗？我的人生是不是就这样结束了？"

我想，你要做的就是对G君说："即便是晚了也没关系，以你现在的方式继续前进就行了。"这正是现在G君所需要的鼓励。请你放心，既然你能够想起曾经被认可的心情，那么就能够很好地承担起给予孩子认可这样的角色。

母亲：好。虽然我没有太多的自信，但我会努力试试看。

因此，对于这种很难去认可自己孩子、不懂如何认可自己孩子的父母，我要先给予他们认可。这样的话，父母就能够去认可自己的孩子了，而认可这种行为会制造连锁效应。

专栏

拯救孩子的家庭力量

对于茧居的孩子来说，其实家人能够做的事非常多。

孩子已持续茧居很多年了，家人已经什么方法都用尽了，仍然改变不了现状，这时候很多家长都想要放弃。

但是孩子是拥有成长能力的。在青春期，若孩子不能从"万能的自我"中走出来，便会进入茧居状态。但即便如此，只要我们帮其积累各种体验，慢慢地让他们转入并体会到社会的自我，他们就能够回到社会中去，最终摆脱茧居状态。这个过程应该是在没有父母帮助的情况下，由孩子自己来独立完成的。

然而，父母应该在背后间接地为他的成长给予支持和监督。所谓的间接，其实是非常重要的，这种间接的力量有很大的影响力。具体是怎样的力量我们来逐一分析。

* 父母要给予孩子优质的爱和认可

不要给予孩子充满不安的爱，而是要给予孩子充满安全感的爱，让孩子安心。

* 父母要告别不安定的情绪，学会制造安全感

父母应该学会面对自己人生中的不安，想办法与自己内心的悲伤、愤怒和不安的情绪和解。

* 把父性和母性很好地结合起来

教育方式不要过于偏向母性化，要多给孩子闯荡社会的动力，指引孩子前进的方向。

* 夫妻之间要及时沟通

夫妻之间要坦诚相待，要让孩子看到父母之间融洽、沟通良好的生活状态。

* 给予孩子适当的挫折

帮孩子直面自己成长中的伤害，家长不要过于担心，要在远处默默地关注。

* 把家庭和社会连接起来

对于孩子的问题，请和身边的支援机构、咨询机构多沟通。

* 恢复家庭的自信

父母教育子女时有成功也有失败，失败受挫时多想想成功的经验，就能重拾自信。

* 不要再替孩子承担责任

对于孩子的失败，其责任要从父母的身上转到孩子的身上。如果父母一直帮孩子承担责任，孩子就永远都不能自己承担责任。对于上述这些家庭力量，我们通过一些个案来进行具体的解说。

因为有挫折，才能培养出迈入社会的自信

问：

我姐姐高中毕业后就茧居在家。那时我和母亲都对姐姐放任不管，结果这种情况到现在已经持续了三年。

我想找人商量，却又不好意思，没有这个勇气和周围的人说自己的姐姐在家茧居。我觉得就算说了，也得不到真心的回应，而且我自己在人际关系上也经常感觉很吃力。因为我耻于说出口，一直瞒着朋友们，所以我心中不免为此生出罪恶感。我在想是不是应该鼓起勇气和周围的人说出真相呢？

答：

是的，请你找一位身边信得过的朋友，把姐姐茧居这件事情说给他听。

人和人之间接触，直率地说出自己想说的必然会有受伤的风险。若是受伤了人们就会感觉到心痛，而谁也不想有这种感受，就会去避免这样的话题。但是实际上，正是这种伤害才是人成长过程中最好的催化剂，伤害正是人内心成长必经的一环。

我在青春期的时候也有被人欺负过的经历，曾经在饭桌前和母亲哭诉自己的遭遇和伤心。但是，母亲并没有特别为我做什么，只是平静地倾听我说的话而已。其实我也明白即使跟母亲说这些也不能改变什么。

在很长一段时间里，我都会避开那个欺负我的人，带着厌烦的情绪

去上学。但是，在发生了种种事情之后我逐渐能够摆脱这些事了。不只是在青春期，人在任何时候被反复伤害，都会学会对抗这种伤害。

你的家人看起来不擅长与外界打交道。所以，如果继续避开这种伤害，人就无法产生抵抗力。所以，即便从现在开始面对也行，也还不晚。我建议首先从你开始，找个朋友说出你的心声。能够跨越障碍的人就会逐渐建立起和人交往的自信。请把这种经验也同样传达给你的母亲与姐姐。这种勇气正是解决你的姐姐茧居的关键。

安全地进行"伤害"体验

问：

虽然我听说过"伤害和试炼是成长的催化剂"，但是儿子在家茧居，也不出门，从不接触家人以外的人，貌似过着平稳的生活。可是谁都不接触，又怎么去接受试炼呢？通过和父母的接触吗？要怎样进行安全的"伤害体验"呢？家长应该做些什么？

答：

确实是应该由父母来"伤害"孩子。一般来说，父母都应该保护孩子，伤害这种行为乍一看是不对的，但是实际上伤害也是非常重要的。我们来详细地解释一下其中的缘由。

　　我们在和他人交往的过程中一定会出现"试炼和伤害"，但要是孩子一直身处内部世界，就会失去这种机会。也就是说，孩子会错过内心成长的机会。而茧居者只能和家人之间有这种互动，家人可以对他进行适当的"伤害"来促使他的成长。

　　家人是孩子内部世界的人，本不应作为伤害者出现，而应作为保护者。保护（保护的机能＝母性）很重要，但是同时通过伤害（父性）来让孩子接触外部世界也很重要。孩子被内部世界的人保护，往往会觉得自己一定能够生活在随心所欲的世界里。

　　在青春期，孩子要走向外部世界，从被保护中走出来，用自己的力量在外部社会与人相处。外面的人对于自己来说都是和自己不同的存在，他们不可能都按照自己的想法与自己相处，孩子就会为此多多少少受到伤害。这是令孩子十分沮丧的一件事。

　　"不能百分之百地按照自己的意愿去做什么事的时候，就会感觉自己不再像自己了！"人一旦有了这样的想法就会自然地避开伤害自己的事情。也就是说，很多处于这个年龄段的孩子认为只要不能保证百分之百的自我就等于放弃自我，没有中间地带，而这就是所谓的"万能的自我"。

　　若要接受和自己不同的他人，自己就一定要有所牺牲，百分之百的自己就变成了百分之七十的自己。虽说三成的自我在逐渐隐藏或消失，但七成的自我还是坚定地守在原地。与此同时，我们将自己的需要和原则传达给对方，对方也会或多或少地妥协与让步。

　　自己和他人之间互相妥协并不意味着1+1=2，而是0.7+0.7=1.4。每个人的存在或多或少地都会受到他人的影响，同样不可避免地也会给他人添麻烦。但是这种影响应该是相互的，如果双方抱着相同的态度就能接受彼此的存在。

如果有人和孩子说："七成的自我也可以，七成也不会让人丧失自我，你还是原来的你。"这种认可的话语会让孩子觉得这样应该也可以，他就会安心地去体验伤害。

自我世界的那种安心感和真正的安心感是不一样的。真正的安心感是拥有一种自信，相信自己即便在外部世界也能安全生活的心态。

为了让孩子能做到这一点，父母应该做的有很多。比如，把孩子带到外部世界。不要强制孩子，而是要安稳谨慎且坚定地传达给孩子安心感："在外部世界，人一定会受到伤害，但是没关系，即便是受到了一定程度的伤害，你也不会坏掉，这是成功的必经之路！大胆地尝试吧！"请把这种让孩子安心的话语传达给孩子，孩子就会觉得家人总能接受自己从而感到很安心。

父母角色的转换

在孩子的青春期，父母应由保护孩子的立场变换到相信孩子的立场上。

孩子在未长大成人之前，父母需要好好地保护孩子。比如，若孩子在上学的时候和朋友吵架、被同学欺负，父母会联系学校或者对方的家长，告诉孩子不要再和那个孩子玩了，严格地监视孩子身边的一切，防止孩子受到伤害。监护人应该为孩子提供一个优质无害的场所让他在这样安全的世界中生活。因为那时的孩子没有自我保护的能力，他们的安全全由家长负责，孩子就能安心地在父母创造的这种世界中生活。

一旦进入了青春期，孩子就会开始接触外部世界，一些不如意或危险的事物就会闯入孩子的世界：被欺负，事情不能按照自己想的那样顺利进行，等等。孩子会体验到各种失败。

在这种时候，父母起到的作用就非常重要了。如果父母能站在相信孩子的立场上去对待孩子，那么孩子就会跨过伤痛，受伤后重新站起来。父母不能再像孩子小时候那样，看到他们受点挫折时就立刻出来插手。父母要做的就是安静地在一旁看着孩子自己站起来。

即便这么说，孩子内心也是坚强和软弱并存的。要是孩子坚持做一件事情，结果却失败了，就会导致其变得软弱。此时孩子就会觉得自己一无是处，想要寻求父母的帮助。这时父母应该站在信任孩子的立场上，如果孩子来求助，那么就请温柔地接受孩子的软弱，而且还要认真地激发孩子坚强的一面，告诉他："没关系，你一定会跨越这个坎儿，我会在一旁看着你，再试着努力一下好吗？"

从父母那里听到了"没关系"这样的鼓励，或者得到了父母的支持，孩子就能从软弱的模式逐渐转回坚强的模式，继续努力下去。

如果父母没有察觉到孩子坚强的一面，仍然只看到孩子软弱的一面，看不下去就进行保护，那么孩子就不会掌握可以独立跨越困难的能力。这样的父母是不敢说"没关系"这种没有任何保障的话的，他们认为这种话会毁了孩子，如果孩子真的认真去做，结果却失败了，孩子就会再也站不起来了。

孩子也好，大人也好，每个人都同时拥有坚强模式（继续加油的心态）和软弱模式（感觉自己不行要向周围求助的心态）。家长如果觉得孩子还不行，孩子也会陷入自己不行的这种想法中去。相反，如果家长觉得孩子能挺过去，孩子也会觉得自己能挺过去，家长也就能像这样把自信传递给孩子了。在这之前，家长需要先把自己的坚强模式找出来。

我在读高中的时候，曾被人强迫跳海。这对我来说真的是一次成人仪式。在成为大人的过程中，人们有时会经历一些挫折，比如，被霸凌、学习成绩不佳、各种考试、逃学，甚至茧居等。

对于这种伤害，家长要视情况出手，但可以先做一些防患于未然的准备，让孩子自己去解决，家长站在旁边守护就可以了。

这种做法听起来可能太"硬派"（希望采取激烈行动的一派），也能听到有些家长不安地问我："医生，如果这样造成了孩子的致命伤怎么办？"

我却认为，茧居并不是致命伤的结果（人生的失败），而是成长中的一个环节，是成长过程中的考验。

和这种考验相遇，光靠"孩子的内心"是解决不了的，因此孩子就会期待监护人的帮助。但是如果家长迟迟不来帮助，孩子就会萌生"大人的内心"，会想："大人不在，即便我自己做得不是很好，但是已到了这个地步，也就只能自己做点什么了。"慢慢积累这样的心态是很重要的。

和孩子保持一定的距离

问：

我儿子早上自己起不来，要是我不去叫他，他就会一直睡到中午。起来之后，他不是摆弄手机就是玩电脑游戏。我跟他说什么，他只会说"闭嘴""别管我"，然后还是懒懒散散什么都不做。

我问他："将来你可怎么办？"他也是什么都不回答。前几天，我稍微多说了几句，他突然就暴跳如雷。从那以后，我就再不敢刨根问底了。儿子的朋友都顺利地上了大学，再想想我家儿子真是让人坐立不安，我无法就这么放任不管。儿子在想什么，我们是真的不知道。看着懒懒散散的儿子，我真是感觉天天都很焦躁。

我也去做了心理咨询，心理咨询师建议我："1.适当和孩子保持距离；2.保持距离的同时，接受他的痛苦；3.最重要的是要在家里创造一个安心的、能够放松的环境。"可这具体要怎么做呢？

答：

若你看着这个人就觉得很焦躁，那是因为你和这个人的心理距离很近，对对方有着期待才会这样。不管一个人是多么懒散，要是他和自己没什么关系，你也不会感觉焦躁。正是因为对方很重要，自己对对方有很大的期待，而对方又无法满足自己的期望，人才会感到焦躁。

比如，公司的下属对人们来讲是职场生活的重要存在。但夫妻或亲子等作为家人更为重要，家人间理所当然对彼此都抱有更大的期望。父母希望孩子能够变成有出息的大人，希望孩子能够幸福。虽说幸福的是孩子本身，但是孩子的幸福可以说就是父母的幸福了。若孩子不好好配合，父母就会感觉这样下去孩子是不会幸福的，会越来越不安，并且将这种不安逐渐投射在孩子身上，就会对孩子感到越来越焦躁。

在这种情况下，我建议父母要和孩子保持距离。这时你或许会认为孩子会因为父母不管他而难过，但是此时这样做是有必要的。只有家长不去驱动引擎，孩子才会去驱动自己的引擎。

1.要和孩子保持距离有以下几个方法。这个时候，父母要与孩子保持心理上和生理上的距离。为了拉开心理距离，我们要先对自己的内心进行检测。平时，你心里会藏着很多事情。比如，孩子的事情或是夫妻的事情、工作的事情、朋友的事情，当然也有自己的事情。你会考虑各种各样的事情，但是在众多的烦恼中，儿子茧居这件事情占了多少？两成？五成？还是八成？只要是孩子的问题，父母就免不了担心。

如果父母过度担心孩子，任何事情都担心、都纠结，那么父母就会做出过于用力的事情。比如，平时母亲太过温柔，就容易娇惯孩子，或者深知世态炎凉的父亲对孩子过于严格，也会对孩子造成非常不好的影响。虽然父母是为了孩子在做这些事情，但是这种过界行为只会造成孩子的不安，反而使他们感到很痛苦。因此，当孩子正处于迈向自立的青春期时，父母和孩子之间保持适当的距离可能更合适。

2.为了理解孩子的痛苦，父母必须学会倾听孩子的心声。尽管有些父母说是要倾听孩子的想法，但是实际上他们并没有接受孩子的全部，就擅自揣测孩子的想法，对于孩子来说这和不接受没有什么区别。

接受他人的痛苦是站在对方的立场上去思考，感同身受。如果父母想对孩子的痛苦做到感同身受，父母就要先有被人感同身受的体验，比如，父母可以尝试把自己的痛苦和一个自己信赖的对象说出口，在对方理解了自己之后，再带着这种体验去倾听孩子的痛苦。

世上的人都有着各种各样的烦恼和痛苦。如果人们曾经有过向他人倾诉的经历，也许就曾体会过被接受的感觉。当父母把自己的痛苦释放出来时，其内心就能够多一些空间来盛放孩子的感受了。如果父母的内心都充满了辛酸，那么无论他们再怎么努力倾听，也理解不了孩子的痛苦和感受。但如果父母的心态能够变得轻松，那么就能在孩子面前成为很好的倾听者。

3. 所谓制造一个轻松舒适的家庭环境，并非是指如何与孩子沟通和相处。这些都不是重要的问题，最重要最基本的是去营造所有家人都能够轻松而安心地生活的环境，这样一来，所有事情才能变得轻松而简单。

相反，若家里的气氛一直很紧张，家人间相处就会觉得压抑和不安。父母在考虑孩子的事情之前请先互相配合把家里的气氛调整好。

专栏

心理承受能力

每个人的心里都有一个杯子，里面盛着各种各样的情感。但是，人们却不知道里面的感情有多少种以及每一种有多少分量。不论关系好与坏，距离远或近，家人之间都应该有默契，不需要过多的语言就可以互相传递彼此的想法。父母都是呵护孩子的。如果父母将自己积极的想法传达给了孩子，那么孩子也就能够感受到世界是安全的，一切都是有希望的，坏事都会好起来，好事总会发生。

反之，如果父母过于强调世界的危险，并且总是强调孩子有可能会受到他人的伤害等问题，将这些极端的不安感传达给孩子，那么孩子就会活得过于小心，反而会受到不必要的伤害，而过于关注伤害就会对伤害自己的事情极为敏感，因此更加容易被伤害。

如果父母内心的杯子有富余的空间，就可以多倾听孩子的痛苦并且接受它们。但是，如果父母的杯子已满是辛酸，就算努力倾听，也无法装进孩子的心情。更加糟糕的是，父母不但没有分担孩子的痛苦，自己的辛酸却溢出并流入孩子的杯子中，让孩子更加痛苦。父母想要去分担孩子的痛苦或者想和孩子很好地沟通，首先就要了解自己的内心到底有多少容量。但是，客观评价自己其实是一件非常难的事情。

父母要拥有自信和安全感

问：

儿子高中上到一半就开始茧居了。在那之后，他终于考上了大学，却又不去学校了。虽然我相信儿子一定没问题的，但是儿子的第二次茧居确实让我很担心。丈夫太忙了，我又不能与他商量，我自己不知道该怎么办才好。

我生怕说了什么而让事情变得更糟，所以就什么都不敢做。我觉得自己一直以来所做的一些事都很失败，后悔自己在教育孩子方面做得不够好。在某种意义上，丈夫利用工作来逃避，我为了粉饰太平而忽视茧居的问题，而儿子无法融入外面的世界，不断地逃避陌生的一切，现在我们的家变得一团糟。

现在我能为这个家做些什么呢？我觉得活着就很幸福了，我是应该就这么安静地维持原样呢？还是应该去寻求心理咨询师的帮助呢？

答：

请你们一定要来做心理咨询。你们能做到的事情远不止静静地看着这一点点，作为父母你们能做到的事情有很多。

如果父母变得不安，孩子也会变得不安，孩子就会失去勇气，不敢直面青春期的困难。如果父母表现出安心的样子，这种安心感也会传递给孩子，孩子就能够从家庭中获得力量。

父母能做的事情就是给孩子一个有安全感的家庭环境，虽说"活着本身就很幸福了"这种观点也可以让家人在家庭生活中得到些许的安心感，但是这并不足以支撑一个人自立。请像这样给予孩子安心感："你现在可以独立了。受伤也好，失败也好，都没关系。你完全可以自立，可以自己克服一切，重新站起来！"

安心感和不安感都不是口头就能够传达的东西。父母什么都不说，孩子光靠氛围就能感受到父母的安心或者不安。你担心孩子是不是会茧居，并且感觉自己做什么说什么都无济于事，显然你本身就陷入了这种不安的情绪中，到最后只能传递给孩子不安的感受。

重要的不是能传递给孩子什么。在考虑这些之前，父母先要把自己从不安中解放出来，然后建立自信。

你现在十分疲惫，对于你的丈夫，对于你的孩子，你都陷入了消极的思考模式中。

在此刻，又该怎样去积极思考呢？又如何去应对这种状况呢？这时你一定要采取非常可靠的方法。若你自己一个人瞎捉摸，就会像无头苍蝇一样找不到突破口。父母整理自己的内心，不仅对自己有好处，对孩子也有很大的影响。

想要从消极的状况中解脱出来并且转换成积极的状态，首先要做的就是直面消极的自己。你现在正接受心理咨询这件事就表示你正在直面自己内心的消极。你的这种行为是非常有勇气的，接受心理治疗本身就是积极且正向的，并且深入的心理治疗会帮你看到更加深入的东西。

把内心的负面情绪都掏出来，就像潘多拉的盒子，你会发现盒子的底部藏着希望和积极的情感。把自己与自己曾经经历的痛苦与自信相联结，直面自己的痛苦，从一直以来的不安中解脱出来。这样一来，夫妻就能够直面痛苦，也能够直面孩子的痛苦，把自信传递给孩子。

重要的是，孩子的问题可能会成为一个很好的契机，让父母无法逃避过去的不安和痛苦，促使父母积极地向前看。此时一个人苦恼也无济于事，请让朋友或心理咨询师等值得信赖的第三者来帮助你，把自己内心想说的都说出来吧。如果父母能够直面自己的不安，夫妻和孩子之间的不安也就能够顺理成章地应对了，你的自信也能够一点点地恢复。

找回父母的活力

问：

我家孩子是茧居族，我劝他出门常被他拒绝，和他搭话，他也会避开我。因为孩子什么都不说，我也就什么都说不了，我已经没有精力再与那孩子搭话了。我怎么才能重新站起来建立自信呢？重新应对孩子茧居这件事呢？

答：

把想要和孩子说的话，想要传达给孩子的信息都尽可能地传达给他吧。延续生命、教育子女是父母应尽的责任。向孩子传达信息的时候，最重要的是父母要有积极向上的态度。如果父母活力充沛，那么就能够直面孩子的一切。但如果父母的活力也不足，他们对孩子的问题就会担心、焦虑和生气，导致他们会试图抓住想要逃跑的孩子或强迫孩子。到最后家庭会变成"修罗场"，家人间就根本谈不上什么沟通了。这里说的活力不是身体活力，而是心理活力。

你就是失去了内心的活力，活力和勇气不是人类自己能够制造出来的，而是从他人那里得到的，是人和人在交流中逐渐得到的。

如果自己的努力和行为得到别人的认可，别人说了"YES"，人们就会感觉："啊！我原来这么优秀啊！"之后就会产生活力和自信。反之，如果别人说了"NO"，人们就会失去活力。

孩子是从父母那里得到活力和自信的，反过来父母其实也是从孩子那里得到活力和自信的。孩子也会偶尔对父母说"NO"，父母当然就会失去自信。

这要怎么办才好呢？如果父母从孩子那里得不到活力和自信，又要从哪里得到呢？请夫妻之间互相给予自信和活力。

比如，孩子对父亲说"NO"，那么母亲最好对父亲说"YES"。母亲可以鼓励父亲："老公，现在孩子可能说不行，但时间久了孩子就会接受。老公加油！"同样地，如果母亲被儿子拒绝，丈夫就应该主动地跟妻子说"YES"。

总之，这就是活力的接力赛。为了让孩子恢复活力，父母要想办法把活力传递给孩子。为了恢复父亲或者母亲的活力，父母要互相扮演给予活力的角色；为了恢复整个家的活力，一家人都可以来做心理咨询，我也会成你们传递活力接力赛的一员。

亲人能做的事

问：

我亲戚家的孩子一直在茧居，基本上不出门。孩子的父母用尽了各种招数，孩子就是对他人封闭内心，我对此也只是一知半解。他们好像也没有去看过医生或者找相关的机构解决，就这么一直放任着，孩子现在的状况越来越糟糕。

我原来想着直接去做孩子父母的工作，让孩子的父母积极地帮孩子回到社会。但是想想，孩子的爸爸一定会说我"多管闲事"。有没有什么好办法呢？

答：

你说的这种情况不仅仅是孩子自己在茧居，若孩子的父母也不愿讨论这件事，实际上就表明父母也处于作茧自缚的状态。

大人不想去承认这件事的原因有很多，可能是觉得羞耻，或者是害怕被周围的人看笑话、讲是非，又或者是因为一切都不顺利，自己深感无能为力，总之全家人或许都已极其疲惫了。

为了解决茧居这个问题，父母的力量是不可或缺的。但是，父母距离孩子过近的话，视野难免会变得狭小。即便他们想要做些什么，却因为被困在一种模式中，而根本找不到有效的方法。

这样一来，整个家庭都会和外界完全隔离。只要茧居者或者其父母都闭口不谈这件事，他们就永远也得不到相关机关和咨询机构的帮助。

想要让这种情况得以改善，就需要第三方的帮助，兄弟姐妹或者是亲属，我们需要发挥这种"侧面关系"的威力。

　　作为这个家庭的亲属，为了让这个家庭和外界社会产生联系，你将起到联结的中介作用。在劝说的时候，面对羞耻自责、封闭内心的这一家人，请你先认可他们，肯定他们。你之前有可能都是以一种否定的态度在接近他们，"我说你呀，这种做法不行。赶紧好好地干吧，再这样继续下去的话就真的完了。赶紧想想办法吧，什么都不做的话就糟糕了，真让人担心。"

　　就算不将否定的话说出口，对方也是能察觉到他人否定的态度的。更何况听到这样的话，这个家庭只会变得更加封闭，那时就真的很难解决了。其实我们可以从肯定的态度来解决这件事，比如，你可以和他们这样说："小时候你可是个不错的孩子，为什么会变成这样了呢？真是难为你们了，我知道你们做父母很辛苦，孩子这样，家这样，什么方法都用尽了吧！这也不是见人就能说的事，咱家孩子变成这个样子，你们夫妻一定很难过。作为父母，你们真的是很努力地去改变了，已经做得很好了。肯定在哪里有能解决问题的突破口，不要光一味地担心，一切都会好起来的。"茧居这种事情一定能解决的，请把这种信息传递给他们。

孩子不肯和父母交流怎么办

问：

我儿子是个高中生，经常以发低烧、没有食欲为借口而不去上学或早退。作为父亲，我非常生气，我劝他赶紧去学校，但是这次他竟然凌晨两点多钟才回来。我觉着他大概是一直在家附近瞎晃。第二天他还是不去学校。他直到现在也没有主动和我们父母谈过，也不和家里人一起吃饭，而是等到大半夜自己去冰箱里找吃的。

虽然他和我们没什么交流，但是他和同龄的同学倒是还有来往。你说他这样子算茧居吗？还只是进入了叛逆期而已呢？对父母什么都不说，我们要怎么做才好呢？

答：

因为他和同学还有来往，所以这种情况就不是茧居，而是对父母的反抗。青春期孩子的内心有着软弱的一面，也有着坚强的一面。像发低烧、食欲不振、不想去学校之类的都是内心软弱的表现，表示他不能直面困难。但从不和父母沟通这一点，我能看出他还在努力坚持某种原则。

为了和父亲的苛责对抗，他将自己封闭起来，想要拉大自己和父母之间的距离。如果之后他连和同学的接触都拒绝，那么这种情况就是茧居了。但如果孩子和朋友有接触，就不是茧居只是在叛逆而已。

你的儿子现在正在挣扎着成长。所谓的自立，是不依赖周围的人而自己进行判断。他想找到自己存在的价值，不管是什么事情都要自己亲力亲为。你的儿子肯定认为自己一定还是要上学的。但是对于什么时候能够准备好去上学，他还要费一番功夫。

此时家长最好什么也不说，就这样安静地等着。在这样关键的阶段，不能由家长来提醒孩子"快去上学"，而是应该由孩子自己去找寻证明自己存在价值的机会。

如果你儿子有了相对成熟的想法，他就能反抗父母的"快去上学"的催促，并且表示："我现在还没准备好。我还要再准备一下，还没到时候。"他会自己想办法证明自己的价值，然后再告诉你们。当然他在这个阶段还没有长成大人，也缺少向父母明确表达的自信。他此时只是想和父母拉开一点距离，想办法在不受父母影响的情况下找到自己的存在价值。虽说这个方法是不成熟的，但是，对于一个高中生来说这已经很不容易了。如果父母和孩子不能很好地沟通，父母就会因为不知道孩子在考虑什么而感到非常不安。父母觉得全家人都知道彼此的想法，那才叫一家人。但是，这是孩子成长的必经阶段，在这段时间里孩子就是应该与父母保持距离，不和父母交流，让自己独立思考。父亲对孩子的苛责导致了孩子想要离开父母，激发了孩子想要成长的愿望。

如果他和同学没有中断联系，同学就会问他："怎么没来学校？怎么啦？"他在和朋友交往的过程中会逐渐意识到自己的价值所在。

父母应该等待时机，等待孩子自己动身的时机。

在这个过程中，夫妻二人都需要将孩子当成大人看待，并以此为前提与之相处。父亲要像对待大人一样多给孩子一些尊重。母亲不要什么事情都手把手地去教，和孩子保持适当的距离。否则，孩子好不容易培养出来的努力心态就付诸东流了，随时会回到原来那种软弱的状态中。父母双方都不要去干涉孩子，和他拉开距离，默默地观察孩子的行动。

来自手足的支持

问：

弟弟完全不和家里人说话，一直茧居在家。我是姐姐，已经结婚离开了娘家。我和弟弟已经有一段时间不联系了，有点疏远了，但是前一阵子，弟弟难得给我来了个电话，说是跟父母说了自己的烦恼，父母没有理解他，反而很生气地与他大吵了一架。

之后他还是难以抑制心头的怨气，所以给我打了电话。我们讲了一个多小时的电话。弟弟说："没有工作这样活着也没意思，不如去死。"弟弟说他非常恨父亲，想要杀了父亲，自己也自杀。弟弟没有什么朋友，除了我这个姐姐，没人能和他说话了，但他在电话里却又表示没有指望我能为他做什么，还说了很多次"对不起"。我到底该怎么做？

答：

请你务必成为弟弟的倾诉对象。弟弟很痛恨父亲，因为他没有摆脱父母的照顾，一直没有获得精神独立，他为此感到非常痛苦。所以父母简直就成了他的敌人，他自然不能将自己的心里话说给他们听，你是唯一一个他能够倾诉烦恼的家人了。一旦茧居长期化，茧居者和家人之间的羁绊就会松动。

因为你已结婚，不住在家里，你正好成了家人的"侧面关系"。若你仍和弟弟住在一块，你也会被卷入这场家庭纷争，导致自己不能客观地判断家里的事情。正因为你和弟弟有一定的距离，才能顺其自然地成为他的倾诉对象，像这种稍有距离的干预是最有效的。

就像弟弟说的，姐姐只要听着他倾诉就好了，没有必要做其他事情。就算什么也不做，光是在情感上理解弟弟，也是有用的。他向姐姐诉说自己一直压抑的愤怒，就能帮自己好好地发泄一下。比如，对于想要杀了父亲然后再自杀的这种心态，他通过和你诉说将它排解，就能抑制住这种冲动。只要听的人能真诚地表示理解，那么就能起到控制的作用。

但是，像这样一直扮演倾听的角色，你的心理负担也会很重，你自己也会感觉到很不安。为了保证你自身的健康，你也需要他人的支持，有能够商量的人是最好的。

手足的视角能够让家庭焕然一新

问：

我哥哥大学没上完就退学了，到现在都没有什么固定的工作，每天就在家里待着。虽然他在家里饭也照常吃，话也照常说，但是不怎么谈论与自己有关的事。如果有人劝他去工作，他就会直接无视。但是他的性格其实很温和。

虽然之前父母说过让他出去工作，但哥哥因这事很生气，所以根本听不进去这些话，现在我们就什么都不说了。母亲认为哥哥之所以如此是因为自己的教育方法错了，常流泪责备自己。父亲对此则什么都不说，全都交给母亲。在我们小时候，父亲在外地工作，但是他在周末一定会回来，一直都在为这个家努力工作着。

其实我的父母都很为孩子着想。即便是牺牲自己，也要把孩子放在第一位去考虑，他们对子女可能有点过度保护。我该怎么办呢？

答：

作为妹妹，你觉得哥哥是个很温柔的人，双亲也都是很顾家的。这种积极的想法非常重要。

因为现在能这么想的也就只有你了。母亲只顾责备自己，而哥哥现在只能消极地考虑事情。

在做这类心理咨询的时候，基本上都是母亲过来的情况较多，而事实上也扩大不到需要兄弟姐妹同来的地步。从你的情况来看，最好是兄妹一同过来，这样家里的氛围才会得以缓解。茧居的哥哥本人和母亲都已完全没有活力了，想要做什么也都做不了，能量完全枯竭了。这个时候就需要你把自己的力量贡献出来。兄妹一同参加心理咨询时，你可以从第三者的角度和我讲一下情况。这样一来，茧居者有可能也会说一些平时不会和母亲说的话。

你作为妹妹觉得"哥哥很温柔""父亲也很顾家"，这些都是很积极的想法和评价。当然，温柔和顾家是不可能解决茧居问题的。但是，我们可以通过这些积极的点找出一些线索来解决问题。我们帮助大家意识到这些积极的方面，无论是父母也好茧居者也好，就都能提起精神来。

我认为手足能够把大家都带回一种很有活力的氛围中。

手足要协助父母

问：

我弟弟就这么茧居着，他这种状态让我很困扰。作为姐姐，我真的很着急。他自己一点都没有反省，也不觉得这种生活状态不正常。他好像想一直持续这种生活。虽然我们的父母也想要做点什么，但是到现在为止也什么都没做。

弟弟和父母都没有觉得特别困扰，这就很难解决问题了。我作为姐姐，一想到将来的事情就会感到非常不安。之前不管我到哪里和谁商量，如果父母不出面的话，就什么也做不成。在父母不出面的情况下，还有没有其他方法来解决弟弟茧居的问题呢？

答：

确实，想要解决茧居的问题最重要的是先要解决亲子关系的问题，在亲子关系能够正常的情况下，孩子才能从父母那里独立。家长应该和正在茧居的孩子好好谈一下。

长期这样茧居会使亲子关系进入胶着状态，孩子和父母都会无能为力。对于茧居者来说，父母既让他们感到生气，他们却又必须依靠父母生活。茧居的孩子会陷入一种依赖状态，不想有任何变化，认为继续这样拖下去最好。作为父母，他们其实已用过了很多方法，但是没什么改善，所以父母才会感到自己很无力，什么都做不了，想要放弃。

人一旦受到打击就容易萎靡不振，要是没有刺激的话就会停滞不前，一直停留在一个地方。和外部世界隔绝，此时唯一能够让他变化的人就只有姐姐你了。

如果茧居者和父母都没有改变的想法，那么你先来做心理咨询确实是最正确的。幸运的是，家里还有像你这样的姐姐在想办法做点什么，请把这种积极的心态传递给家里的其他人。为什么父母不想来做心理咨询？怎么样才能够让家人都提起干劲儿来呢？我们来说一说，然后我们再谈谈如何让你在家里发挥作用。

我把自己曾经接触过的案例讲给你听。

曾有位茧居者的姐姐到我这里咨询。她的弟弟拒绝和别人接触，她的父母都放弃了这个儿子，她独自一人来找我商量。我们谈到了如何重新理解弟弟和家庭。这位姐姐回到家，把过来咨询的情况和家人说了，父母一开始不怎么听得进去，但是经过她的多次努力，她的父母终于同意来尝试一下。

功夫不负有心人，这位姐姐的劝说没有白费，父母同意来做心理咨询。在多次谈话后，父母也都了解到要怎么样和孩子沟通以及要怎样去理解孩子。接下来父母又成功地说服了孩子过来做心理咨询。茧居者起初也是不想来的，但是就这样重复了几次之后，他也习惯了心理咨询，到最后变成自己一个人也能过来了。

也就是说，从手足到父母，从父母再到茧居者本人，最终到社会，改变就像是接力一样，能够不断地被推进。虽然这一个个变化看起来微不足道，但是有耐力且坚持积累，到最后就能产生很大的力量。

丈夫是茧居族

问：

我丈夫隐瞒了自己被解雇的事情，每天都在图书馆里面藏着。我一直觉着不太对劲儿，在刨根问底后丈夫才和我说了实情。

我一开始问他的时候，他出于面子没有说，他的自尊心特别强。他失业后也没有再去找工作。我一和他说起快点去找工作的事，他就会摔东西，然后跑回自己的房间打游戏和上网，不管不顾，沉浸在自己的世界中。他不去接触外界的一切，每天出门也就是去幼儿园接个孩子，要不然就是半夜到附近的便利店去买烟。

实际上，丈夫之前就有一点茧居的征兆了。我问他："什么时候去工作？"他一直对此避而不谈。我那时候为此十分生气就直接跑到他的房间，对他大喊大叫。我当时很害怕丈夫会不会打我，但是他反而哭了起来。

另外，丈夫还不让我告诉公婆，公公和婆婆都不知道这件事。但是，我一时生气就把所有事情都告诉了婆婆。说过后不久公公就打了电话过来，和丈夫谈了很久。后来公婆开始给丈夫写信，丈夫也开始找工作了。

原来丈夫也是去看过精神科的，但是吃过药也不是很管用，所以就放弃了。从那之后，他也预约过三次心理咨询，可是预约之后都因为不想去而放弃了。

我家有个孩子，光靠我的收入是不能维持家中生计的。这个家非常需要丈夫从茧居中走出来重新找工作，但是我要怎么样和丈夫沟通呢？

答：

你是一位很勇敢的女性，愿意和自己的丈夫一起渡过这个难关。尽管有遭受家暴的危险，但是你还是义无反顾地推进丈夫接受心理咨询的事情。夫妻之间存在这样的推动力量是很重要的，若夫妻间的情感羁绊变得更加牢固，丈夫就能从妻子那里得到更大的支持。

你的丈夫还没有完全长成大人。他能够在你面前展现软弱的一面，甚至能在你面前哭是一件很好的事情。你不顾丈夫的反对，将事情告诉了他的父母，从结果来看是很好的。虽说男性一般都很讨厌丢面子，但是你的丈夫脱掉了身上的壳，并且能够借助妻子的力量尽可能地摆脱现状，从你身上，我深深地感受到了那种直面他人的勇气，也正是你的这种勇气让你的丈夫从梦中醒来。

但是，将来的事情也没有那么乐观。如果我们不根除你的丈夫的依赖心态，那么你作为妻子就会成为母亲的代替品而一直被丈夫依赖着。这样有可能会导致茧居者出现暴力或者酗酒问题。

为了预防这一点，请你不要失去经济能力。家中还有个孩子，对你来说很难维持生活，但是一旦你失去了经济能力，就只能依靠丈夫了。情况就会变成妻子在经济上依靠丈夫，丈夫在心理上依靠妻子。这样一来，夫妻关系就会变得脆弱。

像成年人还没有真正长大就抚养孩子的这种情况有不少，但是我却认为这也可能是一件好事。谁也不是在有了百分之百的自信后才去做父母的。教育孩子这件事要夫妻共同分担，互相激励，才能促进彼此成长，这能让大人也变得愈发成熟。

专栏

如何肯定地批评

父母要想做到肯定地批评孩子是一件很难的事情。不批评孩子不是好事，总批评孩子也不是好事。怎么样才能把握好这个尺度呢？下面我来介绍一下"肯定式批评"和"否定式批评"两种方法。

"肯定式批评"就是鼓励孩子优秀的部分，让孩子觉得他能做得很好，以这个为前提鼓励孩子接下来的行动。

所谓"否定式批评"就是就孩子的弱点给予刺激，让孩子觉得他还不够成熟，现在还不行。让孩子觉得自己不被保护就不能成功，以这个为前提来刺激孩子。

我们现在举一个肯定式批评的例子。

"说什么傻话！你能做到的！（不要说孩子做不到或者不行）你可以随时自立，不用再依靠父母了。你也有足够的能力，凡事都应该自己去尝试做。即便失败也没关系，我们会在旁边看着你的，一遍不行就多尝试几次，三次以后就一定没问题了。"

这种肯定式批评能为孩子提供有力的帮助，不管他们怎么受伤，到最后也会克服困难成长为大人。

而否定式批评就容易在孩子心中留下"不依赖父母就不能做好"这样的心理。

　　批评方法不管是肯定的还是否定的，二者的区别不在于具体的话语，而在于这种批评背后父母给予的到底是肯定孩子的信赖感还是否定孩子的不安感。比方说，我们可以想象一下孩子第一次不想上学的场景。

　　"休学的话就不能顺利升学了，快点去上学！"这样的话不是肯定式批评也不是否定式批评。

　　请家长们像下面这样告诉孩子。

　　"虽然你在学校被人欺负了，但是你一定能够抵挡回去的。即便再不愿意，慢慢也会找到应对方法。赶紧去上学！"

　　像这样子，只要家长稍微注意一下说话方式，就能够很好地使用我上面说的那种肯定式批评方式。

　　相反，"你这样一直不去学校，最后只会茧居在家，你的人生就毁了。若你现在不去上学，你的人生就会很悲惨。所以赶紧去上学！"这就是我说的否定式批评方式。

　　我们再来思考一下完全不同的说法。

　　"没关系！即便现在不去学校也没关系。"

这种说法乍一听像是在肯定孩子，但是这既是肯定式批评方式，也是否定式批评方式。

"就算一时半会儿不去学校，人生也还长，你很快就能追赶上来。不像其他人一样笔直地向前走，也可以一样度过人生。你还是有能力的，凭借自己的能力前进就好了。"这是给予孩子肯定的信息。

"和你说什么都不管用了，心理咨询师已经说了让我们接受孩子的一切，是我们错了，你现在自由了，想做什么就做吧。妈妈再也不管你了。"这样的话就是否定的信息。

就算是相同的话语，由于家长的语气、心情不同也会有不同的效果。

第 4 章

善用全社会的帮助系统

茧居问题的咨询窗口

问：

像茧居这种问题，我听说医院、心理咨询人员、民间团体等都可以帮助解决，但是到底去哪里解决比较好呢？又有什么区别呢？请告诉我。

答：

目前，在日本有各种各样的渠道都受理有关茧居问题的心理咨询。支援机构会根据茧居状况的不同采取不一样的支援措施。实际上，在开始接受支援之前，大家有必要先了解一下支援机构。

在支援机构的官网上有相关介绍，请先看看。还有很多机构并没有在网上发布任何信息，请先打电话询问，或者先去实地确认一下，仔细地了解一下。你去了之后就能够直观地感受到整个机构的氛围了。另外，社区的卫生所、学校的保健室（保健室的老师）、大学的健康管理中心等地方也能找到这方面的信息。

下面我介绍一下日本的各类咨询窗口和支援机构的有关信息。

精神医疗

在日本，医院有精神科和心理科。这两者之间的区别，我在本书前面的章节有所阐述。对患者来说，精神科的门槛可能稍微高了一些，但是医生的治疗方法与心理科并无太大的差别。心理科是由内科医生看诊，精神科则是由精神科医生诊治。因为精神科给患者的压力大一些，所以很多精神科都打着心理科的招牌。

治疗时，医生首先要判断茧居者是否患有疾病，确诊有病就需要赶紧治疗。茧居在多数情况下都不能被划分为精神类疾病。但是，茧居者内心深处隐藏着精神问题是不可被忽视的。外行人顶多认为患者看起来有一点倦怠和懒惰而已，但是这些症状实际上有可能是精神分裂症或抑郁症的开端。这些隐藏着的病情对于外行人来说是很难判断的，但精神科医生或专业医生却能对此做出较为准确的诊断。

然而，即便是专家也无法保证自己的诊断完全准确。医生擅长诊治有病的患者，但是对于没病的患者却无从下手。茧居这种观念是近二十年才衍生出来的新概念。非常遗憾的是，了解茧居的精神科医生少之又少。茧居是青春期成长的问题，并不是一种疾病。但是这个时期的孩子会有"不能融入群体""没有干劲儿"等类似的心理疾病症状。不太了解茧居状况的医生就会将其误诊成精神或心理疾病，开出很多不需要的药。

身体检查主要是通过血液检查以及 CT 等方式诊断，运用这种科学的方法和客观的数据来诊断的医疗机构，它们得出的结果一般都大同小异。但是，睡不着、没有热情、怎么休息都乏力等症状是无法通过机器检查的，数据无法显示出来。这样一来，医生只能根据经验和患者的描述来进行主观诊断，所以不同的医疗机构就会做出不同的诊断并开出不同的治疗药物。事实上，对于十几二十岁的孩子的茧居症状，专家都觉得非常棘手。

我建议患者找一些能够耐心了解状况的医生来帮助自己治疗。而能够得到好的治疗的秘诀就是好好地配合医生，相信医生。患者及其家人的心里应该想着"这个医生能够理解我"，否则是不会有好的治疗效果的。对于那种不怎么和患者及其家人谈话，只是一味地开很多药的医生，我们最好避开为妙。

如果患者及其家人对这个医生到底好不好没有把握，那么就要为下一步做好准备，去求助其他的医疗机构，最好就是儿童精神科，或者青春期精神科。

心理咨询

心理咨询在很多地方都能做。小学、初中、高中、大学都配备了心理咨询室，尽管在这些地方全职出勤的心理咨询师很少，但是一个星期来几次的这种不定期上班的兼职医生很多。其实学校很需要心理咨询师，希望学校以后能够多聘用一些这样的常规心理咨询师。

在学校进行心理咨询的好处就是学生和学校能够紧密相联。家长不仅可以和学生接触，也可以和班主任及保健老师等人商量，为孩子正式回归学校铺设好道路。

地方教育委员会设置的教育咨询所和教育咨询中心等机构都是长期开放的，而且可以提供免费的心理咨询。在更加专业的机构，患者及其家人能得到更专业的心理咨询，而且这些机构又能同时为患者及其家人做心理咨询。但是，这里不像校园心理咨询那样能把孩子和老师紧密联系起来。

现在社会上的精神科医院、精神科诊所、心理咨询机构越来越多。患者首先要接受医生的检查，然后根据其需要来安排心理咨询。精神科医生的看诊时间很短，会开药。心理咨询就需要充足的看诊时间。我认为，如果医疗和心理咨询二者一同进行会更加高效。

对于企业，虽然不能说其配备得很完善，但现在很多企业已有心理咨询的福利，不定期提供专业的心理咨询；也有一些公司为职员提供学习心理咨询的机会，并且帮助有需要的员工在休息或者停职期间能够在企业进行心理咨询。

另外，民间的心理咨询机构现在也逐渐增多。它们不隶属于任何学校、医院、公司等组织，而是属于个人或者团体。

因为心理咨询被分成很多种类，心理咨询师也有擅长和不擅长的领域。所以，我建议在申请咨询之前，患者及其家人要先调查清楚他们的服务是否包括针对茧居的心理咨询，对此一定要事先了解。

公共的茧居族支援机构

公共支援机构一般包括保健所、精神保健福祉中心、儿童咨询所等。

这样的机构都是为了某个地区居民的身心健康而开设的。对于茧居这类咨询，基本上都是免费的。

保健所的业务涉及范围非常广泛，比如孕妇、婴儿、成人和老年人的普通病症及慢性病，传染病症、食品卫生、公共卫生、精神保健等。这里的保健师和医生也可以进行心理咨询，但是保健所并不是专业的心理咨询机构，其能给的帮助是有限的，但人们把这作为起点还是可以的。

其中，"精神保健所"比较特殊。为了能够进行更加专业的支援，各个城市和地区都设有类似的机构。这些机构一般会做一些与精神病预防、治疗有关的咨询，其次就是提供回归社会的支援。

大家都知道，现在有关社会机构对精神障碍、抑郁症这类病已经做出了积极的支援，最近针对茧居的咨询也逐渐多了起来。不仅有个人面谈，这类机构还会给茧居族的父母开家长会或举行相应的演讲等。除此之外，为了能让茧居族与社会上的其他人正常交流，这类机构还开设了日间照料服务。

儿童心理咨询所则是为了未满 18 岁孩子的福利而设立的，可以接受孩子本人以及孩子家人的咨询。虽说这类机构可以针对孩子的性格和一些有问题的行为进行咨询，但是，对于近些年来逐渐增多的虐待儿童、茧居等棘手问题，它们还不能及时给出解决方案。不过，这些机构会优先处理家庭暴力的问题（孩子对大人施暴或者大人对孩子施暴）。

值得一提的是，如果本人无法去保健所和儿童心理咨询所咨询，这些机构会做家访服务，但基本上会选择先去走访疑似有精神疾病或是有家庭暴力的家庭。因此，患者及其家人还是先全面了解情况比较好。

民间志愿团体

这些民间志愿团体不同于那些学校和行政机关，也不是医院和心理咨询处，而是民间的市民们自发组织起来的团体，致力于积极地帮助茧居者。

民间团体会设立支援机构、教育辅助课堂、诊治身心障碍的福利设施。但服务于民间机构的人员的能力参差不齐：有些团体在建设时会考虑得非常周到；有些团体则完全依赖个人的经验和热情，其主要问题就是不专业。

患者及其家人在进行咨询之前可以通过网络、宣传手册仔细确认其专业程度，然后再进行咨询。

民间支援机构也有质量很高的，如果能够合理应用这些机构，人们会得到很大的帮助。最近大家一直在商讨专业的心理咨询机构怎样才能和民间团体联合起来。比如，给民间团体提供研修和交流的机会，做一些能够提高机关认证系统的行政工作等。

针对个人和家庭的支援措施

针对个人的支援措施主要有家访、住所活动、升学就职等；家庭支援措施主要包括家人咨询、讲座、演讲会、家长会等。

1. 家庭访问

支援人员会事先和相关家庭商量好，在得到家人同意的情况下进行家访并和本人面谈。也就是说，并不是让接受咨询的人到支援处去，而是支援的人到支援对象的家里去做咨询。既然茧居者不能走出家门去接受治疗，那么支援者就亲自到茧居者的家里做咨询，这样做，茧居者就有可能愿意和医师谈谈。原则上，支援人员必须要经过本人的同意才能够进行家庭访问，但是如果家里人都同意了，那么即便本人没有同意，支援人员也可以进行家庭访问。如果进行家庭访问的过程中有很多阻碍，那也没有关系，不要强行进行下去，只需多去拜访几次，自然就会有效果。

2. 住所活动

有些茧居者对于去图书馆、买东西等活动没有什么抗拒，但是只要需要与人交流就无法应对了。

像自由空间、聚会场所的活动等都属于住所活动。茧居者在这种场所中能够交很多朋友，一起玩游戏、做运动或进行一些烹饪之类的活动。这些活动都是为了让人们互相多建立一些联系而设计的。也有那种没有提前设计任何环节的活动，这些活动就交给孩子自主决定了。

3. 就学或就业支援

在交流达到一定程度后，我们就要帮助茧居者努力去适应学校和职场了。现在的学校非常多样化，为了配合年轻人多样化的需求，出现了那种可以让茧居的孩子很容易就适应的学校。家长应该认真地去选择学校。

对于就业，人们当然是希望自己能成为正式职员或者被正式雇用。但是，因为缺乏工作经验或者是离职太久，重新就业就会面临很多困难。对此，我们建议茧居者先从那种精神压力较小的打工开始，在熟悉之后再在精神和体力上逐渐地加重负担。

但是，满足这些条件的工作并不好找。支援机关会给茧居者介绍工作或者帮其直接在支援机构就职。

以上就是针对茧居者的支援措施。下面我们来看一下针对家庭的支援措施。

4. 家庭咨询

茧居者亲自来做咨询的情况真的很少见，基本上是没有的。所以家庭咨询就变成了第一个突破口。不管是父亲还是母亲，或者父母双方都过来咨询，更容易让支援方掌握整个家庭的状况，这当然是最有效果的。

家庭咨询基本上会从三个方面入手。

第一，父母的应对方式。孩子茧居后，不管家人说什么就是无动于衷，会封闭内心，和谁都不想说话。不和父母说话、即便劝他去医院或是做心理咨询也被无视、对家人实施暴力等问题，在家庭咨询的过程中都能得到很好的解决。

第二，信息的提供。家人可以咨询的信息有：面对现在的状况，什么样的解决方法是最好的方法；在哪里接受治疗才是最好的，等等。

第三，针对家人情绪的支援。家长看着孩子长期茧居一定会很烦恼，并且会一直责备自己，最后丧失自信心，在烦恼和痛苦中挣扎。对家人的情绪进行疏导这项服务，可以让家长恢复自信，重新积极地面对生活。

5. 面向家长的讲座、演讲

通过讲座，家长们能够知道什么是茧居、怎样去解决这个问题以及怎样去应对这个问题。

我也曾做过类似的演讲，并且经常听到家长们反馈说"知道了很多之前不知道的事情""光听听就觉得能够轻松不少"。每个茧居的家庭都不一样，这类讲座对于个人的咨询来说就显得有些不足，但是来参加一下还是会有所收获的。

还有一点需要补充：针对很多人进行的演讲终归是针对一般情况的，未必能把所有家庭都一一涵盖。对于这个还要具体问题具体分析。茧居的例子各式各样，用普遍的理论来概括所有情况未免显得过于牵强。总之，个人咨询还是非常必要的。

类似的演讲有很多，保健所、精神保健福利中心、行政机关、学校、教育中心、学会等教育研究机构以及医院等医疗机构都会举行此类演讲。

6. 家长会和家长团体

对于这类活动，来参加的家长都来自有茧居孩子的家庭，他们聚在一起互相倾诉，然后互相交换信息。这种方式并没有采用医生看诊时那种自上而下的视角，来参加的人都是和有同样境遇的人站在同样的立场上去交流信息，互相给予勇气和鼓励。

有些家长觉得孩子茧居令人感到很羞耻，这样的聚会能让有同样处境的人站在一起，有共同的话题，从而能够有所放松，让家长们从那种"只有我家这样"的孤立感中解脱出来。光是听别人说，自己的紧张感就会得以缓解，换到自己说时也能够整理心情，这种效果和做心理咨询是一样的。

这种聚会的形式有两种。有时聚会需要一个控场的主持人，有时则不安排主持人和援助的人，让家长们对等地、自主地进行谈话。形成"自助组"的优点就是参加的所有人都能对等地谈话，提高自主性；但不足就是话题不能被很好地统一，容易变得分散。

专栏

生理·心理·社会模式

不仅限于茧居，对精神与心理问题的理解与支援，有三种不同的思考方式。

支援者的支援准则要符合其中的一种，即便是接受支援的一方也要理解支援者是怎么思考的。接下来我对这三种方式做一个大概的解说。

1. 生理模式

所谓生理模式是指问题的根源属于医学范畴，患者在生理上有异常，也就是说，其身体内部（如脑部或脑神经）有异常或疾病，如抑郁症、精神分裂、发育障碍或者遗传异常等。这些异常会导致患者出现各种各样的心理问题。

比如，因为生病而提不起精神，喜欢钻牛角尖，不能够感受别人的心情，不能和别人正常交往，也不会看情况处事。对自己想说的事情都说不出来，想要做的事情也都做不好。结果就是，人出现交流障碍，失去了自己本来的容身之处，最后变成了茧居族。

从这种生理模式来思考的话，患者要先发现身体上出现异常的部分，治好生理上的疾病，进而很好地控制自己的身体障碍。过去有一种偏见，认为精神疾病是治不好的。现在新的治疗方法陆续被开发出来，只要患者吃适当的药物就有机会恢复健康。

但是，对于一些遗传性的疾病，目前还没有根治的方法。这个时候就需要家人对患者本人的病情充分了解后再想想如何解决问题。

用什么样的方式与患者相处更好，而什么样的相处方式会使患者有压力？对于这些，不论是家人还是患者本人都应该做到心中有数。家人应尽量以患者能够接受的相处方式来与之相处，并且尽量避免让患者处于一种其适应不了的环境中。患者的病情就会慢慢地有所好转，之后他就可以根据自己的情况去参与各种各样的社会活动了。

经常与专家沟通近况，了解对于患者来说哪些目标是不切实际的，尽量让患者生活在适合他的环境中，这就是医院专门为这类患者及其家人准备的治疗方法。

2. 心理模式

心理模式认为，患者的问题并非源于医学上的疾病，而是由于患者的生活环境一直以来都在否定他的存在，使其遭受了很多负面的伤害性的体验，导致其心理出现问题，最终只能茧居。

我们总在和很多人相处，如家人、朋友、同学、老师、同事等；这些人会肯定我们，也会否定我们。被肯定时我们就能获得正面体验，被否定时我们就会受到伤害。获得肯定是好事，而如果总是面对他人的否定，人就会形成一种条件反射，在与他人第一次交往之前就担心对方"是不是会否定我"，从而先把自己逼迫到一种不安的境况中。

　　所以，为了保护自己，人们往往会在别人否定自己之前先发制人，断绝交往。若不安、恐惧、悲伤、害怕先占据了一个人的内心，使其逐渐失去和他人交往的自信，并且为了避免更深的伤害就开始茧居。按照这种模式来考虑对策时，我们要先缓解当事人内心隐藏的不安、恐惧、自卑、愤怒等消极情绪，同时增强其安心、自信、喜悦等正面情绪，帮助其变成一个积极向上的人。

　　解铃还须系铃人，要想抚平人际关系中所受到的伤害，还是要通过人际关系来解决。茧居者自己鼓起勇气说出自己的心情，才能够消除内心一直积攒的负面情绪，而这就是"心理咨询"的功效。"心理咨询"是本书的中心论题，在其他章节中会对其进行详细解释。

3. 社会模式

　　社会模式则是从个人视角展开，关注点集中在患者与他人的关系上。生理模式与心理模式一样，都是在探索茧居当事人的内部到底有什么问题，而社会模式是要探索茧居者所处的环境，分析为什么茧居者难以在某种环境中找到栖身之地，或者为什么茧居者很难从一个场所或者一种身份中解脱出来。

比如，在一个学习氛围不好的学校里学习，或者在一家业绩很差、随时都会被裁员的公司中工作，学校、职场这种本应提供归属感的场所就成了压力源。再如，家有久病的人、失业没有收入保障、夫妇之间不和等家庭内部的原因，都会使当事人一旦和家人分开就会感到不安，最终导致其根本踏不出家门一步。这三点结合在一起就是"生理·心理·社会模式"。

不要固守其中的一种模式，要用这三种模式综合思考并解决问题。根据每个人的不同情况进行个性化的分析，随机应变。

茧居的问题涉及多种社会互动，我们必须用不同的眼光去对待。但是，根据专家类型的不同，其分工实际上也是不一样的。精神科医生擅长采用生理模式，一般会用药物来解决问题，并且不太关注心理或社会层面的问题。心理咨询是以心理模式为中心的治疗方法，大多数心理咨询师都没有接受过医学方面的训练，自然也不会让来访者服药。我希望将来能出现更多的可以从多个角度思考并做出诊断的专家。

茧居是一种病吗

问：

把"茧居"看成是一种病，对吗？

答：

我认为茧居根本就不是一种疾病。一直就窝在家里，怎么都不肯出门，不和社会建立关系，这的确很不正常，可能你觉得这是一种心理疾病，但是在实际检查时却检查不出什么。茧居和传统意义上的抑郁症或精神分裂完全不同。

但是，茧居可以作为一些心理疾病的初期症状来观察。我们要等待其他症状都陆续出现，才能够判断患者到底患有哪一种心理疾病。在茧居这个阶段，医生还不能做断言。

医生大多都持有"早发现早治疗"的理念，害怕自己忽视了潜在的疾病，因此对于不能准确判断的疾病，也会做出"疑似得病"这种诊断。

如果患者被判断出患有某种疾病，就要尽早接受治疗，不要延误了病情。医生会开一些预防的药物。一些药物的效用过猛，患者吃后会犯困，副作用也非常大，让人十分担心。

我接触过很多茧居的人，他们一开始拿到的诊断都是精神分裂。在患者看来，医生的诊断不会有错；但是说实话，医生也不一定敢确定其做出的诊断就是绝对正确的。特别是针对青春期的孩子，他们的心理成长过程非常激烈，即便未得病，也会在一段时间内出现精神不稳定的情况。所以医生诊断起来是十分困难的。

对于不正确的诊断，之后的治疗计划就是无效的。所以我认为不要过早地做出诊断，青春期的孩子到底是不是患有精神分裂，要经过一段时间的观察才能知道。

茧居和发展障碍有关吗

问：

最近经常听到"阿斯伯格综合征"和"发展障碍"等概念。这些和茧居有关系吗？

答：

发展障碍是指人脑不能准确地认知从外界接收进来的信息。典型的发展障碍就是自闭症，这种症状在孩子年幼时基本就能发现。

和茧居有点关系的是轻度的发展障碍，或"广泛性发展障碍"。最近为人所知的"阿斯伯格综合征"也包括在内。广义上，这类症状确实能够被划分在自闭症中，但是由于症状轻微，患者没有认知上的障碍。另外，注意力缺陷多动症和学习障碍都属于轻度的障碍。

这些障碍在人们小时候表现得很轻微，不影响人正常上学。随着时间的流逝，孩子到了应该和社会接触并需要处理人际关系的时候，这些障碍的影响才逐渐显露出来。潜伏期因人而异，有些人是从小学、初中到高中甚至到二十几岁都还没有被发现。

有这种障碍的人无法感受他人的心情，与人交流非常困难，很容易与他人产生误会和摩擦。他们处理问题时不能当场采取行动，会有很多难以理解的行为，和周围的人无法保持良好的关系，不能适应社会生活。这些人最终会对人际关系失去自信，成为大家欺负和批判的对象，一直处于不安中。

但是，茧居到底是不是一种发展障碍还有待考证，这里面的关系十分微妙。发展障碍属于"生理障碍"的一种，要以脑部先天就患有疾病为前提。但是，没有证据能证明茧居是由脑部的先天疾病引起的。CT 或 MRI 都无法提供客观具体的物理证据来证明茧居就是发展障碍，现在只能通过表面上的证据来诊断。

比如，"阿斯伯格综合征"的诊断标准是：（1）基本上不使用表情和手势等非言语信息；（2）不能和同龄人交朋友；（3）不能理解他人；（4）在情绪表达上有障碍，等等。把这些症状综合起来，就是我们说的"阿斯伯格综合征"。的确有很多茧居的年轻人符合这四个表现。

在我接待过的茧居者中，经常有被之前的医生判定为"阿斯伯格综合征"或者是"广泛性发展障碍"的人。

根据实际状况来看，孩子在学校和其他孩子交流的情况确实会让人怀疑其患有某种发展障碍，但是我和茧居者深入交谈后却发现，孩子完全能够理解我说话时的表情和手势，也能够完全了解他人在说什么，可以充满感情的交流，情绪表现也都很正常。

这些孩子在大多数的情况下都被误诊为发展障碍了。30年前，我刚刚成为一名医生，在那个时候像"广泛性发展障碍"这类概念都还没有被应用。大概在十年前，这个概念由专家定义，之后在社会上被广泛传开。我们不能断言茧居是一种病，对于这个病的定义还存在一片灰色地带。

我对于确诊这种事情并不十分执着，也很少会去主动地将来访者诊断为发展障碍。到现在为止，即便是来访者已被其他医生诊断成发展性障碍，我也不会对此做出判断。其中原因在于我和其他专家是站在完全不同的立场上的，我们并未采用同一个客观的衡量与诊断标准。

我的这种想法在医学界算是十分异类了。因为正确的诊断是医生职业生涯的生命线。

我的观察视角主要以茧居为基础，孩子在青春期其内心是如何发展的，也就是孩子从"万能的自我"过渡到"社会的自我"的状况如何，从这两点来观察并做咨询。这属于心理模式和社会模式并用的一种思考方法。

对于茧居的原因，是用生理模式去解释还是用社会模式去解释并不重要。因为并没有能够针对发展障碍起作用的药物。不论是用哪种模式去解释说明其原因，解决对策都是依据心理模式或是社会模式设计的。换句话说，解决茧居问题的关键就是把握好茧居者本人的状况，以及其会与什么样的家庭和社会接触。支援者要和其家人一起来商量如何度过这一阶段。

另外，诊断名称是什么其实对患者家属来说是有着很大影响的，做诊断的人一定要特别关注这一点，这很重要。我们来设想一下家长知道孩子患有发展障碍后的正面与负面的影响。

孩子被诊断为发展障碍的缺点就是，让家长接受发展障碍本身就很困难。因为发展障碍是先天大脑机能障碍，所以即便很轻微的障碍都不能被完全治好。患者家人必须要做好心理准备，患者这一生都要伴随着这种障碍活着。这对于父母来说是十分痛苦且难以接受的。

但明确了发展障碍的诊断后，家人能够为孩子创造他可以适应的环境。人拥有各种各样的心理机能，比如记忆能力、计算能力等。如果人没有什么障碍，就应该具备所有这些能力。如果人患有发展障碍，那么我们就要找出其缺失哪一种，然后根据实际情况助其选择适合的职业，患者也可以想想如何生活才能让自己的生活质量变得更好，想办法生活得更加幸福。

人的个性千差万别，但日本文化强调一种从众意识，人们希望自己和别人一样，不喜欢和别人不一样。日本人基本上都不提倡张扬个性，并且会看场合来决定自己的行为，让自己的个性埋没在共性中。但是，世界上没有相同的两片叶子，人也是一样的。人都有软弱和坚强的一面。做符合自己个性的事情，顺其自然地生活下去，才是人本应拥有的生活状态。不要害怕和他人不同，发展障碍更能让人们看清这一点。

另外，虽然孩子患有发展障碍这件事情确实是一件令人很痛苦的事情，但是换个角度来看父母就不用为自己的教育方式而责备自己了。家中有茧居孩子的父母们一般都会认为，自己教育得不好才使孩子变成这样，从而对自己也失去了信心。而因为发展障碍是大脑的问题，并不是家长的教育问题。家长就会从自责中解脱，积极地去思考接下来要怎么办。

茧居是抑郁症吗

问：

　　我儿子半年前就开始茧居，最近逐渐出现了抑郁症的症状。这到底是不是"抑郁症"呢？茧居和抑郁症有关吗？

答：

　　从半年前开始茧居，如果直到半年后才发现类似抑郁的症状，这就不是真正意义上的抑郁症。我们先来详细解释一下抑郁症。抑郁症包括以下一些症状。

　　1.没有理由地感觉很悲伤很焦虑，陷入一种空虚感。

　　2.没有活力，无论是工作还是家务都无法集中精力完成。

　　3.对以前感兴趣的东西，现在毫无兴趣，也忘记了开心的感觉。

　　4.没有食欲，体重下降；或者相反，食欲旺盛，体重增加。

　　5.睡眠不好，很难入睡。即便睡着了，也不是深度睡眠，睡醒后极其疲劳。早上很早就起床，或者相反睡得非常多，起不来。

　　6.没缘由地心神不宁，不能安静坐着，一直抖腿或者是掰手腕，或者拉扯皮肤、衣服等，十分焦躁。

7. 不能正常思考，谈话时反应慢，身体的动作也迟缓。声音也很小，不怎么说话。

8. 很容易疲劳，做事不努力。

9. 变得十分消极，认为自己毫无价值，感觉自己带着罪恶活着。做什么都不顺利，杞人忧天。

10. 思考能力和注意力都下降。做事情不果断。

11. 失去了活着的喜悦和希望，想要自杀。

乍一看，每个人可能都觉得自己占个一两条。比如，没有活力、焦躁、感觉什么事情都不顺心、食欲不振、失眠等，压力大的人多多少少都会对这些有体验。只不过抑郁症患者的程度比正常人严重，只要不影响正常生活，人们有这些症状都不算是异常。

但是，如果一个人有五条以上的症状，并且不想去学校也不想做家务，无法正常生活，那么这个人基本上就可以被确诊为患有抑郁症了。像这样的疾病，正常和异常的界线一直都很模糊。

如果茧居者有五条以上症状，那么我就可以诊断其患有抑郁症。茧居和抑郁症可能会重复出现。茧居却没有抑郁症，或者有抑郁症又有茧居行为的人都有。这时我们需要了解是哪个症状先出现的，再来进行判断。

有人是因抑郁症才开始茧居的；有人则是直接茧居，并没有抑郁的症状，但是这不代表其之后不会得抑郁症。因茧居造成的抑郁症状不是真正意义上的抑郁症，这是作为茧居的必然结果的"次发性抑郁倾向"。

药物有效吗

问：

和精神科医生谈过之后，一般情况下他都会开一些治疗的药物。这对茧居有没有用呢？

答：

吃药对一些茧居个案的确是见效的，但是我看到过很多不管用的例子。这主要取决于是什么引起的茧居。如果原本就是因为生理上的问题，药物有可能就是有效果的。比如，人大脑的神经细胞之间互相连接的神经传递物质出现异常，结果导致其患上精神分裂症、抑郁症等。这个时候使用药物，如一些抗抑郁的药物对此十分有效，采用生理模式治疗就会奏效。

有些茧居行为并不是因为生理问题，而是单纯地源于学校和家庭的压力。针对由于青春期的内心成长十分迟缓而造成茧居的情况，这些孩子是不存在什么大脑神经细胞异常的。因此，不管他们怎么吃药，只要不解决压力源头就不会有任何改善。这个时候，生理模式就不怎么管用了，而是应该采取心理模式如心理咨询、社会模式如归属感建立和就业支援等方式。

但是，实际上茧居到底是因为大脑的异常还是因为压力呢？这个问题就和"先有蛋还是先有鸡"一样，人们不能明确地做出判断。这就不得不依靠主治医师的直觉和经验了。

日本医生因为没有时间去学习心理咨询，大多数都以药物治疗为主，就容易先入为主地将患者判断为脑部异常。心理咨询这种治疗方式是不会开任何处方药的，而是会先判断压力来源。此外，为了试验药物是否有效，会让患者先吃个两三周药，没效果的话就停药，然后尝试心理咨询，也是常见的一种治疗方式。

心理咨询到底是做什么的

问：

听说做心理咨询能解决茧居的问题，但是这真的有效吗？
心理咨询具体是做什么呢？

答：

如果茧居者有意愿主动进行心理咨询，这将是非常有效的。对信赖的心理咨询师说出自己的心情，心理咨询师帮助其整理情绪，他就会意识到自己以前没有意识到的东西，逐渐恢复自信。

一般情况下，大家都认为心理咨询并不光是解决来访者的烦恼，而且还会给一些建议等。但这并不是心理咨询的初衷。有一些问题确实能够通过信息或建议就被轻易地解决，但是这很少见。在大多数情况下，光这样做是解决不了问题的。

因为，人们通常在心理咨询之前就已尝试过很多方法来解决问题了，正因为无效才会求助于心理咨询。心理咨询其实并不是心理咨询师和来访者说什么，而是反过来心理咨询师要倾听来访者的烦恼。

说什么怎么说是由心理咨询师引导的。在这种大致的路径下不断地交谈后，心理咨询师就会发现之前没有注意到的症结所在。

我们的日常生活正在模式化。某件事情会固定地造成某些困扰，这种固定的现实意识也形成了一种模式，我们会陷入这种模式中出不去，而与心理咨询师交谈时，心理咨询师会提供一种新的思考模式，我们就能看到新的事物甚至改变看事物的方式和角度，能够意识到至今为止自己的问题就是因为思维的局限性。

下面我来介绍一位女士对于心理咨询的感受。

"我第一次和别人谈这种话题，而且还谈得很高兴。在说的过程中，我发现自己意识到了很多东西。"

这就是心理咨询的效果。这位女士说的都是以前发生过的事，也都是她一直犹豫要不要说出来的事。在心理咨询的时候将它们说开，她就发现了和原来不一样的一面，发现事情本身和原来有非常大的不同。

自己和家庭的烦恼这类话题一般很伤人自尊心，所以人们很难讲出口。想要说出尘封已久的话往往会伴随着愤怒、罪恶感、羞耻和不安等负面情绪。到底是疾病的原因还是自己的错，或是其他人的错误，这些都不得而知。能够确定的只有一点，就是有什么地方出现了问题。所以很多人都认为即便自己勉强说出了自己不愿意讲的话，也不会有什么新发现。

尝试着把这些话说给自己信得过的心理医生，这种做法能缓解人的负面情绪，进而增加自信。

对于自己一直都没有办法对别人说出口的羞耻，来访者要相信心理咨询师一定能够接受。即便来访者认定说了过去的事情也是不会有任何改变，但是只要说出来，意义就会完全不同，这本身就是很大的改变。也就是说，一直以来不能和其他人说的禁忌话题现在可以和其他人说了，这些隐藏的话题就会逐渐变得很普通，不再是羞于启齿的事了。

能够讲出羞耻时，人们就会发现这种事情其实没什么大不了，就不会再觉得自己的自尊心被剥夺了。之后就能充满活力，身体也会渐渐恢复健康，工作、日常生活、人际关系也都会逐渐步入正轨。茧居的问题也就迎刃而解了。

专家真的懂茧居族吗

问：

我弟弟是茧居族。我和父母谈了很多次，但是他们总是说："孩子现在这样，我们都不知道应该为他做什么才好，我们也去了专门的机构咨询，可心理咨询师又不是孩子的亲生父母，他是不可能明白真正做父母的是怎么想的。"专家真的能够理解茧居的孩子和他的家人的心情吗？

答：

我想，说到底指望心理医生完全明白他人的感受是绝对不可能的，他们只不过是努力地想要明白对方的感受。这样考虑的话，能不能理解对方的心情就不是由专家来判断了，而是由来访者来判断。将这种"专家不可能会明白"的想法转变为"这个医生能够理解我"，人们这样想才能开始有所改变。

若遇到好的心理医生，他就能把你觉得自己很特殊的遭遇转变成一种大众化的、普遍的、没什么大不了的事情，避免来访者钻牛角尖。

对于谁都不能明白的问题，当然谁也解决不了。但是大家会期待经验丰富的心理咨询师能够明白，甚至能找到具体的解决方案。

那么我们就要言归正传了，能够理解对方的心情这种事情到底是什么意思呢？

你对弟弟和父母甚至是自己的心情真的了解吗？

对于身边的家人，你可能觉得了解他们是理所应当的，但是，现实可能正相反，如果过于了解，人的想法就有可能存在盲区。客观来说，这就表示人们无法真正接受"对方的心情"。因为和家人太过亲密，我们便不能把自己的感情和家人的感情完全分开，自己的感情总是会混在其中，当我们想要谈论对方的事情时，最后谈的却往往是自己的事情。

距离太近了，就看不清事情的真相。距离产生美，稍微有点距离才有可能会看到更多的东西。像平时交往的朋友和心理咨询师就是有距离的人，人们一般会感觉这些没有参与到自己生活中来的第三者才是能够理解自己的人。

我们把"感觉"和"理解"分开来考虑。一方面，"感觉"需要感性，不需要任何语言上的表达。悲伤、寂寞、生气、担心、烦扰不堪，这些都是人在内心的主观体验。

　　另一方面，"理解"需要理性。自己是怎么感觉的，为什么有那种感觉，人们需要把主观感受用客观的话语表达出来。

　　出人意料，人们自认为能体会自己的心情，可是实际上却并不能真正理解自己。而心理咨询师能够让我们变得更加了解自己。想要把感觉理性地表达出来就必须要把自己内心的情绪全部展现出来，去正视它们。因为这样做可能会令人很难过，所以很多人选择了逃避，或者是理性上想要去理解，但是感性的过度干扰导致人们不能深入地洞察。

　　这个时候，如果有人能够站在客观的角度为你做出评判，那么对你就能够有很大的帮助。这个人不会被感性所左右，站在很客观的立场上。和这样的人谈话，人们不但可以了解"感性"的自己，也能深刻地"理解"自己。

　　想要做到这一点当然是很难的，但是做到的人都会感觉自己很轻松，神清气爽，茅塞顿开。"什么呀！原来自己一直耿耿于怀的事情就这么简单啊！"

　　就像刚开始做一项运动或者刚开始学一门手艺一样，直到你到达某种程度之前会一直感觉自己怎么都学不好，怎么都进行得不顺利，但是只要到达某个临界点，这一切就会发生质变，你也会恍然大悟。到目前为止的一切困难都会烟消云散，逐渐能够顺利地继续下去。心理咨询也好，理解自己的心理也好都是如此。

茧居者拒绝进行心理咨询时怎么办

问：

　　我家孩子拒绝去医院，也拒绝去看心理医生，一点都没有接受治疗的意思，即便如此，我是否还是应该尽量说服她去做心理咨询呢？

答：

　　本人不想接受治疗的原因有很多，根据不同的原因思考不同的对策才是正确的。大多数人的理由是，即便他们想找人沟通，但是因为自己缺乏与人交流的自信，所以才展现出抗拒的态度。

　　很多茧居者都是这样，他们认为自己都不想接触学校和职场中的人，就更别提心理咨询师了。

　　针对那种犹豫到底要不要看心理医生的人，我们一定要好好地说服他们过来做心理咨询。而有些人尽管不想见职场和学校中的人，但是他们愿意见心理咨询师。或许他们只是起初对此有所抵触，但是会慢慢适应，到最后都可以自己来咨询。

　　还有一些患者适合通过电话或者网络进行心理咨询。这些方法主要是在直接面谈真的不行的情况下才会用到的。见面的方式会让人感觉这是在暴露自己的所有。电话的方式暴露的只是声音而已，对于自己长什么样子、说话时什么样子，对方一概不知。邮件的方式则是把自己想说的话写下来就可以了，除此之外自己的一切都不必透露。

我在"东京茧居族支援专线"和"东京青少年综合心理咨询"服务时就采取过这种间接的咨询方式。虽然说当面谈是最好不过的，但是在网上进行心理咨询也有优点，也有一定的效果。

还有一种人，他之所以不想去做心理咨询是因为他认为自己根本就没有任何问题，即便他人再怎么劝也是没用的。这时候的当务之急还是先做其家人的工作。

家人进行心理咨询真的有效果吗

问：

"如果茧居者真不愿意来，就请家人先来做心理咨询。"虽然大家都是这么劝我的，但是茧居的人终归不是父母，这样做真的有效果吗？家庭治疗到底是做什么呢？

答：

家庭治疗主要是把家中的症结找出并解决，为了解决茧居的问题，首先要做的就是恢复整个家庭的信心。

虽然茧居的孩子经常会说"都是父母的错""都是父母的责任"之类的话，但其实并不是因为家人有问题，才需要做心理咨询的。

家庭有问题是正常的，这没什么。不管什么样的家庭都有不好与好的地方，没有十全十美的家庭。解决家庭的问题就是要把不好的东西拔除，强化好的一面，这样才能让缺点显得不那么重要。心理咨询不是为了寻找家庭的缺点，而是要强化优点，帮家人积极地思考。

让整个家庭发掘自身解决问题的能力是家庭治疗的根本，因为家庭治疗主要想探究的不是茧居的原因。

当我们遇到困难时，就会习惯性地去找原因：到底是茧居者本人的问题，还是家庭的问题，或是学校和社会的问题？这时候就容易出现推卸责任的情况，然而这样做对茧居者是没有任何帮助的，不管最后我们把问题推到哪里都没有意义。茧居这件事情是由多种原因造成的，并不是家庭、学校、社会、孩子自身任何一方单独的责任，事实上每一方多多少少都有责任。同样地，其实不管是茧居者本人还是其家庭、学校、社会都有力量能破解当下的困难。

和人交往就必然会受到伤害。长期茧居会让人看不见自己的未来，这是一个严重的问题，茧居者会因此失去冲破荆棘的勇气。

最好的办法就是本人来做心理咨询，但是若本人不想改变、不想做心理咨询，那么这就改变不了任何事。

我们来想想棒球或者足球比赛吧，能够在比赛中取得胜利，每个选手都很优秀这一点当然重要，但是更重要的还是团队整体。如果团队的合作状态上去了，那么团队中的每个人的能力也会有所提升。同样，家庭这个整体的力量也是如此。

家庭能做的事情有很多。

不论是什么样的家庭，都具备跨越逆境的应对能力。如果团队力量减弱，那么家庭整体就会陷入困境。

当家庭平稳的时候，即便家庭的应对能力稍微弱一点也没关系，遇事还是能撑过去的。可是若只拥有这一点应对能力，当家里发生大事或者一旦出现了茧居成员时，整个家庭就会陷入困境，跨不过障碍，当然也就前进不了。如果家庭成员相处得很好，就算没有特意地去团结起来，也能对家里出现的意外随机应变。柔软的橡皮可以把痕迹都擦干净，坚硬的橡皮不仅擦不掉痕迹，而且还会越擦越脏。

如果家庭失去了弹性，就会出现以下问题。

1. 家长没有注意到孩子已经进入青春期，还是像对待小孩子一样继续保护他 / 她。孩子失败时，家长就站出来承担责任。
2. 孩子有可能会失败，家长对于孩子的失败和伤害过于敏感。不能完全让孩子自己去处理，父母一定要出手帮忙解决。
3. 孩子觉得父母对自己将来的期待是很重的负担。孩子不敢再往前走一步，一直停滞不前。
4. 家长长期处于不安中，并把这种不安带来的担心转为对孩子的不安，对孩子过度担心。
5. 父母双方对孩子的教育方法不同，不能齐心协力地教育孩子。

我们来举个例子说明吧，若夫妻之间的心结没有打开，父母就无法让孩子走出阴霾，也就无法使其积极地面对生活。

专栏

家人间跨越不了的墙

这个案例是一对夫妻一起过来跟我咨询孩子茧居的事。

"我儿子得的是心病，医院的医生是这么告诉我的。"然而这对父母来说是无法接受的。

"我儿子有很能干的地方，但是也有特别不成熟的孩子气的地方。我觉得这可能并不是什么心病，只是性格问题，我也搞不明白。其实我们夫妻相处一直都有问题，虽说这好像和孩子没什么关系。其实，我们一起来做咨询还是第一次。"

乍一看，来访者是一对很和睦的夫妻，但是聊了一会儿后我就能感受到他们之间的尴尬气氛了。我猜想他们夫妻俩在家里是不会谈论孩子的事情的，恐怕也不会谈论家里重要的事情。

"我们俩在家只会做一些简单的交流，比如，'吃点什么''今天晚点回家'等日常对话，从没有进行过深入的交谈。我们好像商量好了一样，对这类事情都闭口不谈。日复一日，我们之间就像有一面跨不过的墙一样。孩子还没出生之前，我们就会因为彼此的原生家庭发生争执，而在孩子出生以后，我们又在教育问题上产生了很大分歧。尽管这么多年过去了，只要是一说起这些事，我们仍会吵架。所以谁都不敢提这些事。孩子的事情也是如此，这事本来应该由我们夫妻两个人一起商量的，但是很遗憾我们做不到。

"孩子长大了，却还有很不成熟的地方。作为父亲，我想告诉孩子这些，但就是讲不出口。我不禁反省自己是不是从来就没有对任何人吐露过心声？随着心理咨询的深入，我自己逐渐有了这样的感受。

"以前我从来都没有考虑过这种事情。现在我一旦考虑孩子的事情，就会很害怕。怎么面对孩子才好呢？作为父亲，我却经常自欺欺人，经常觉得自己很对不起孩子。"

深入谈话之后，这对夫妻就将自己的问题和孩子的问题联系在了一起。

"其实之前我就对此有所察觉，但是感觉承认这些问题会很痛苦，所以就一直在逃避。现在我认为想要解决孩子的问题就必须先把我们夫妻之间的墙打破。做过一次的心理咨询之后，我就觉得不能再这样继续下去了。突然有了这种念头让我很惊讶，那之后我一直在想到底怎么办好，考虑了很多。

"和心理咨询师谈话的时候，我们夫妻都认为一直逃避是不行的；但回家之后又会重新回到以往的相处模式中，又会开始逃避，果然还是不行，还是改变不了。我们很多年前就已经意识到这一点了，但是始终都没什么改变，对这种困境已经觉得疲惫不堪了。事到如今，我想找个局外人来调节可能也是无济于事的。但是为了孩子，我自己先过来了。

"作为父亲，我却不知道怎么和孩子沟通，我将这件事告诉了心理医生。我不知道自己一直以来做的事情是否是错的，十分没有自信。可是医生说我做的事没有什么太大的问题，我就感到一下子轻松了一些，对孩子的事我也放心了一些，但是对夫妻之间的问题，我还是没有什么头绪。

"上次在妻子面前，我有很多话都没有说出口。"

父亲这次说出的话才是他真正想说的，这很重要。因为，没有妻子的干扰所说的话才是这位父亲的真正心情。父亲是真的在为整个家庭考虑，觉得自己的工作总是很忙，没有很好地照看家庭，这让他感到很惭愧，他也在反省自己。

但是，父亲怎么都不能把自己的真心和妻子说出来，因为妻子教育孩子的方式和自己的完全不同，如果他把自己的想法和妻子说了，可能就像是在否定妻子一样，而且妻子也不会直接接受自己的想法，甚至可能会为此生气或者干脆无视他的意见。但是心理咨询师作为第三者倾听了父亲的想法。

随后母亲也自己一个人过来了。对于孩子的事情和家庭的事情和我讲了很多，同样也讲了很多与之前不同的话，在丈夫面前没有说的话也都说给我听了，和我说了很多她内心真正的想法。

在妻子看来，丈夫就是什么都不管，一味地逃避一切；而在丈夫看来，妻子很溺爱孩子，两个人根本无法交流。但是退一步看，我们就能看得更加全面。

对于一个家庭，我们从不同的角度去看可能会出现不一样的看法，但是从根本来讲它们还是相通的。父母的想法从根本上来说是有共通性的，这个共通之处就是重视家人。对于他们夫妻来说，对方或者孩子都是不能替代的重要的人，他们都盼望着能够和家人更加亲近，这是很正常的爱的表现，但这种心情在日常生活中容易被彼此忽略。这真的很令人惋惜。

他们夫妻与我各自单独谈过几次之后，二人又一同过来了。对于这个行动，想必夫妻二人都下了很大的决心。

相比第一次，这次谈话就显得不太轻松了，因为第一次只谈及孩子的问题，一谈到孩子的问题夫妻二人的配合度就显得很高。

但是，这次要触及夫妻之间的敏感问题。

要谈这些事是需要很大勇气的。这次就是夫妻二人拿出了勇气准备面对而来的。

但是，两个人面对彼此时，很难好好商谈家事，总是会带有愤怒的情绪，然后就会吵架。而他们夫妻俩为了避免这些事就只能避开不谈。这样做只能让他们彼此感觉被无视或被拒绝。没有比被重视的人无视和拒绝更令人难过的了。结果就是，吵架或者被无视，不管是哪一种都会造成伤害。

心理咨询师在两人中间周旋，让两个人将真实的想法传递给对方。

是人就都有弱点，那是自己最脆弱、最羞耻的地方，也是最不想被人碰触的地方。

这一部分是谁都不能触碰的，人们将其用铁丝网围起来，变成了一片禁区。人们不会自己走入这片禁区，并试着从内心抹杀对它的记忆，无视它们的存在；因此更不会让他人擅自进来、看清自己的一切弱点。若他人闯入禁区，此时人好不容易建立起来的自尊就会全部瓦解，会感觉自己变得十分可悲，失去了全部的价值。

人都有脆弱的一面，都有不能被人踏足的禁地。风平浪静之时这没有什么影响，可是家人需要真诚面对彼此时就会造成问题。

正因为人很弱小，才会努力地让自己变得强大。大家会用体力、学习能力、地位、金钱等铠甲把自己武装起来。即便仅是一点点，也希望自己看起来更好一些。铠甲穿在自己身上久了，人就会有种错觉，觉得那就是原本的自己，错以为自己原本就非常强大。因为这样的错觉，才使人们产生因为自己很强所以周围的人才接受自己的认知。自己也害怕面对自己本身很弱这件事情，所以一直在尽量回避。

只有承认自己有脆弱的一面，才能理解他人的弱小。卸下盔甲的两个人就能坦诚相待了。

但是，这也伴随着很大的风险。我们原本努力所获得的优秀的一面、强大的一面被人们所接受，对方看到的就是我们想让他看到的强大的一面。无论是面对入学考试、工作、做生意，还是结婚，所有的才能和美好都是我们自己的武器，这些武器支撑着我们。

一直以来，我们都是如此生活，如果自己的弱点被他人发现，我们可能就会被抛弃。这种不安的想法一旦出现是很可怕的，想要克服这一点真的是很不容易的事。

人能够承认自己的弱点，从人性的深处认真地面对自己，那才是一种真正的强大。如果人能够揭开自己的弱点去面对他人的话，就不再需要愤怒这一武器了。真实的双方能够互相接受彼此的弱点，互相信赖，一起做各种各样的事情。

这对夫妻已经一起来谈过好多次了，最后都是以争吵告终，他们也曾多次产生想要放弃的想法。但是通过争吵，他们对自己不曾理解的部分变得能够理解了。时间久了，更了解对方了，再被对方无视也不会像之前那样爆发怒火了。对于孩子的问题，夫妻都能直率地给出意见了。

"如果夫妻之间的交流能顺利，和孩子的交流也能变得很顺利。一直以来，我们都在担心和孩子说了我们想说的话之后，会不会给孩子压力，会不会让情况变得更加糟糕，孩子会不会对家长有所抱怨，所以就什么都不说。

"但是，现在该讲的我都会直接讲，孩子的状态也逐渐改变。尽管我还是有些担心，但是现在感觉我们还是能这样相处下去。孩子比之前成长了很多，感觉变成大人了。虽然他没有直接说'没事了'，但是感觉他像是想通了什么似的。"

一直这样看着真的就行了吗 ⋯⋯⋯⋯⋯⋯⋯⋯⋯⋯⋯⋯⋯⋯⋯⋯⋯

问：

我去很多机构咨询过孩子茧居的事情。每个机构都和我说："好好地看着孩子就好了，让他休息一下。"这样真的就行了吗？一直以来我也都是这样看着他的，可情况一点都没有好转。

答：

守护他让他休息，这是照顾茧居族的最基本原则。但是，如果我们面对的是长期茧居者，光是这么做是不够的。我们要适当地推孩子一把，但是这个"适当"到底是什么程度比较难以把握。若是采用了不适当的推动力，情况就会变得更加糟糕。我们把这个任务分割成两个阶段来探讨。

第一个阶段：给他创造一个能够安心茧居的地方

刚开始茧居的时候，我们需要帮当事人减轻不安和焦虑，让他好好休息。

一旦开始茧居，不管是孩子还是父母都会感到非常不安、十分焦虑。"要是继续这样的话，就糟糕了。""要是不做点什么，将来就真的完了！"这些想法都会出现，家里开始出现不安和焦虑的"传球游戏"。

"焦虑"是情绪的空转，对人没有任何帮助。家人要先让自己冷静下来。心理咨询师一直强调"父母要温柔地守候在孩子身边，让孩子安心地休息"，也是为了能让父母更加冷静一些。

孩子休息一下，找回活力之后，靠自己的力量重新站起来也不是没有可能的事。而对于自己不能站起来、长时间茧居的人来说，就需要用以下方法了。

第二阶段：制造一条通往社会的安全通道

为了告别茧居，重新走向社会，茧居的孩子必须从"是父母的责任，都是父母的错"这种意识转变成"自己不做点什么就不能解决问题"的这种意识，一定要学会自己承担责任。这些本来就不是父母能插手的事情。

但是，如果家庭给茧居者创造的茧居环境太好了，孩子就有可能安心地住在这种环境里了，自己也不想再动手做什么了。所以，一旦冷静下来，家人就可以开始创造新的环境了。

为了能够成功创造出新的环境，我们要给予孩子肯定。比方说："你已经能够出门了，已经没有必要再闷在家里了。""虽然外面的世界很危险，但是你已经可以保护自己了。""受了一点小伤，没有关系！你一定能克服这些的。""不要天天待在家里不出门，要有自信，干脆一点出门去瞧瞧！"

在做这些事情之前，有一个很重要的大前提：父母自身要很安心，并且对孩子是真的抱有十足的信赖感。如果父母并不是十分安心，就算是说了这样的话也是无济于事的，这种内心真正的不安反而更容易造成孩子更大的不安。孩子会很敏感地嗅出父母的不安，之后自己也会越发不安，而孩子的不安一旦更深一层，就不再那么容易被消除了。

接受与等待就够了吗

问：

参加家长交流会时，他们都会说："接受孩子原本的样子。""不要抛弃他们，要一直爱他们。"我做不到这一点，而且也不知道怎么做。

儿子辞掉上一份工已经是两周前的事情了。我什么都没有对他说，这真的好吗？我是不是就这样等着就是最好的呢？家长怎么做才能推孩子一把呢？

答：

"原本的样子"具有很深远的含义。

大家经常把茧居的现象当成是孩子本来的样子，其实那不是他本来的样子。"原本的样子"并不是孩子表面的样子，而是表面现象背后他们真正的想法和感受。

虽然孩子正处于茧居的状态，但是这种状态只是偶然的不幸所造成的短暂停滞而已。人类有着无限的可能性，孩子真正的样子应该是积极向上，充满了不被周围所左右的能量。

父母要将这种肯定的情绪传达给孩子。如果父母能相信自己的孩子是十分优秀的，就有可能扭转局面。只要不过于担心，无论静静地等待和守护，还是积极地鼓励孩子前进都会有效。

比如，父母可以和孩子这样对话——

父母：没关系，现在做不到并不代表你永远都做不到。

孩子：你怎么知道呢？

父母：也没有什么具体的根据，但就是觉得你能做到。

父母的爱分为肯定的爱和否定的爱。

否定的爱就是一直都担心孩子，是一种消极的对待方式。因为父母根本就不相信孩子，觉得孩子还不能自己一个人生活："像这样一直茧居下去的话，孩子的以后不就完了吗？但是直接和孩子说的话，孩子肯定会生气吧？"父母担心孩子绝望和崩溃，所以不敢去违背孩子的想法。于是父母只是不断地溺爱他们，一味地放纵他们。这么做不是在接受孩子原本的样子，只是什么都对孩子唯命是从而已。

肯定的爱则是父母会明确地指出孩子不好的地方或者任性的部分，该说不的时候就正经地说不。孩子还没有判断善恶的能力，也没有能力判断将来的事情。如果父母看到孩子优秀的潜质，就要毫不吝啬地给予夸奖；看到孩子不妥的举止，也应该马上指出来。正是因为父母相信孩子的本质是好的，所以即便是批评了他，也相信他会很快自己站起来。

否定的爱则是担心孩子，对什么事情都过于担心，害怕孩子一前进就会遇到阻碍。

肯定的爱则跨越了不安和恐惧，给予了孩子向前的动力。

对于孩子来说，肯定的爱是非常有必要的，特别是在心情浮躁与动荡的青春期。父母要让他拥有自信，帮助他成为一个踏实的人，为了离开父母的保护实现独立，学会自己认可自己是很有必要的。

如果孩子有着肯定自己的能力，那么即便是遇到否定自己的事情，也能跨越过去，不会轻易动摇，保持"我这样就很好"的信念。若是孩子自我认同感不足，发生一点儿事情就会担心得不得了，被人伤害了就会马上闹情绪，生气，闭门不出，拒绝身边的一切。

为了让孩子有自我认同感，应该给他们更多的认同感和爱，能够做到这一点的就只有离孩子最近的父母。

青春期的孩子同时具备积极的独立心理和消极的依赖心理。这种消极向后看的心理表现为：感觉自己还是不行，什么都做不好，想要让谁过来帮自己一把，当事情进行得不顺利时就会怪罪身边的人。

相反，积极向前看的心理会促使孩子冲破束缚，克服困难。

茧居这种现象就是"向后看"，也就是消极情绪的表现。人一旦开始茧居，向前看的积极心态就会逐渐消失，依赖心理就会迅速扩大。这被称之为"退行现象"，指人的心态变回了小孩的样子，需要依赖别人。比如，孩子会把责任推给父母，如果父母容忍了孩子不想和别人交往的需求，接受了孩子的"任性"，那么这种"退行现象"就会越来越严重，孩子的人生就会停滞不前。

认同自己撒娇和依赖的心理是很有必要的，但是不能仅限于此，也要逐渐帮自己培养独立的精神。

"啊，我感觉你最近成熟了很多！"

关注孩子想自立的心情，那么孩子就会因为这种关注而逐渐成长和自立。父母的话对孩子有很大的影响。孩子听到父母的认同就会产生"原来我很能干"的想法，慢慢地就建立起自信了。

但是，这比想象中难做得多。那些一直隐藏自己内心的茧居的孩子，他们完全被消极向后看的心态所占据，把自己的积极心态隐藏了起来，想要重新将其挖掘出来是很难的事情。为了挖掘出来，父母就应该发挥认同的力量来引导孩子。

大人其实和孩子一样，也同时拥有积极心态和消极心态。父母看孩子的眼光普遍也都是在积极和消极之间徘徊，一会儿肯定一会儿否定。但是如果父母意志坚定，一直都能以肯定的心态去看孩子，那么孩子也能摒弃自己的任性撒娇行为，过不了多久就能建立起自信心了。

与之相反，父母对孩子一直持否定态度，那么孩子也就不会拥有自信，而且每天都会被不安紧逼。就算是孩子的情绪有转变回积极的可能，也会一再错过时机，依赖心逐渐加强，最后一发不可收拾。

因此，父母想要培养孩子的自立心理，先要让自己的心理变得积极。如果父母本身就持有消极心态，那么不管孩子怎么努力也都是无济于事的。但若是积极面对一切，不用特别用力去改变，也能得到事半功倍的效果。

父母给予孩子肯定的爱时，应该是下面的样子。

　　在孩子刚开始茧居的时候，父母就要问问他为什么这么做。若是因为晚上睡不着早上起不来的身体倦怠，或许只是累了。或者，更普遍的原因是，孩子没有融入人群的自信，对自己没办法融入集体而感觉很尴尬；在学习上没有上进心，觉得自己跟不上进度；也有可能是由于被同学或同事欺负，一有受"欺凌"的征兆就迅速回避和他人的过多接触。

　　当然也存在你问他为什么要茧居，他却什么也不说的情况。这个时候父母就不要总是逼问他为什么了。孩子可能是说不出口或者是还没有做好说的心理准备吧。请再等一段时间。

　　问孩子的时候最重要的就是，家长不要释放出一种消极的气场。如果家长摆出一种严刑逼供的姿态，孩子就会认为父母有可能生气而对原因绝口不提。孩子茧居肯定是因为发生了什么事情，父母应先理解这一点并接受孩子茧居的事实，然后坚定地相信孩子有能力走出来。

　　如果父母的心态是积极的，一般就会想："现在，孩子只不过是受到了一点阻碍，他正在化解，茧居是为了整理自己的情绪和状态，只要稍事休息，时候到了他自然就能再次鼓起勇气往前走了。没有什么好担心的。"家长一担心，孩子也会开始担心。相信孩子的恢复能力，安心地等待着就好了。对于这种事情，大家可能都是道理明白但是不太容易做好。父母明明想要去相信孩子，但是现实中却忍不住去担心，有着强烈的不安。但这时父母先不要一味担心与不安，想要让孩子安心，父母要先冷静下来，积极地朝前看。

　　比如，大多数父母都会烦躁为什么孩子不听自己的话，为什么不积极地面对，而对孩子发脾气。愤怒和烦躁是不安和恐惧的防范行为。愤怒的背后隐藏着不安。把这一点看破，想想向孩子发脾气的真正理由。

父母生孩子的气、对孩子感到烦躁的时候，实际上是因为自己在抱着强烈的不安。此时父母应该把自己的不安毫无隐藏地都告诉孩子："我们多么担心你……我们多么认真地考虑你的事情……"把这些都一一告诉孩子，这就是父母把自己的爱直接传递给了孩子。

父母会跟孩子生气，是因为真的爱孩子。但是这种爱全都被不安所占据，最后转变成愤怒。正视自己的不安其实是一件非常痛苦的事情。如果父母能将自己的不安情绪好好表达出来，能够接纳自己的话，就没有愤怒的必要了。

为了不要用愤怒和烦躁来传达自己的不安，父母一定要朝前看，积极地面对眼前的一切。

向别人传达不安是一件需要勇气的事情。父母在面对苦恼的事情时也要积极面对。如果父母给孩子展示这样的一面，那么孩子就会变得很安心。父母把自己的弱点展现出来并克服，孩子也会认同自己的弱点，朝积极的方向努力。

父母也没有必要害怕孩子发脾气。愤怒会给别人造成恐惧，会让人敬而远之，不害怕是不可能的，但是父母完全可以不用害怕，因为孩子愤怒的背后也隐藏着不安。让我们来探讨一下，我们要相信孩子，父母可以和他们说："没关系，你一定能做到的。不用太过担心。"像这样解除孩子的不安，孩子自然就不会发脾气了，也能够冷静地说话了。

青春期对于孩子本人也好父母也好，都是动荡不安的时期。若孩子被不安击败，就不能前进了。父母能做的就是先直面自己的不安，把这种不安消除。如果父母能做到，孩子就会被影响，也会跨越不安向前迈进。

在青春期，向前进的原动力是安心感，因此父母可以将安心感努力传递给孩子。父母可以通过这种话语给孩子安心感："不管你遇到什么都没关系，我们都会守护你的，不会放弃你。"

伴随着"被抛弃"的不安慢慢地成长

问：

说实话，一直以来我都在反省自己是不是对孩子干预得有点多。但是若是我突然不管的话，孩子会不会觉得自己被父母抛弃了？

答：

孩子确实会有被抛弃的感觉，但正是这种感觉让孩子成长的。在青春期，孩子既想让父母帮助自己，又想努力自立。这两种心情是混在一起的，父母在这个时候应该忽略前一种依赖心理，因此此时孩子会想尽办法逼父母出手相助。

但是，父母要对孩子说"不"，对孩子说："你已经长大了，什么都可以自己做了，没问题的。"让孩子把幼稚的依赖心理扔掉。孩子听到父母这样说，就会努力成长，理解父母的用意，依靠自己的力量去独立。父母应该连根拔除孩子那种"自己做不了""想让父母帮忙"的依赖心态，帮其建立独立自主的心理模式。

"看吧，你自己一个人也可以做得到，所以不用再借助父母的力量，自己尝试一下！"

因为爱孩子，所以父母要学会放手，让孩子独立。这并不是抛弃孩子，而是相信孩子的能力，况且家长也会一直在孩子身边守护着。

有很多父母会把"不抛弃"和"离不开孩子"混为一谈。父母在孩子青春期还出手帮忙，那就是一种消极的爱，一种害孩子的行为。这种家长的内心并不承认孩子的独立性。

如果家长足够信赖孩子，就要相信孩子是有能力克服困难的。此时，即便父母不在孩子身边，不给予帮助，孩子也能自己面对困难并解决问题，父母这个时候站在远处守护着孩子就可以了。父母那双在孩子小时候紧握着的手应该在青春期放开，不直接帮助而是在旁边守护对于孩子来说就不是抛弃。

当孩子说想自杀时

问：

我家孩子茧居了五年之后，和我说他想自杀。我到底要怎么办？

答：

询问他想要死的原因，并且先试着理解他。

对于父母来说，没有比听到儿女说"想死"这样的话更难过的了。这是很令人心痛的事情，还令人非常不安。

父母对于孩子的这种想法不能就这么听之任之，应该要妥善处理。

很多年轻人都会说"想死"。"想死"这句话里面蕴含了很多的意思，有的只是觉得现在的生活还不如死了算了，有的则是真的想要了结自己的生命。但是即便当时他还没有了结生命的意思，然而等到一定程度后就会真的想了结生命了。

最近媒体上也总有关于年轻人自杀的报道。从十五岁到二十多岁的年轻人的死因来看，因为疾病和意外事故死亡的人占少数，最多的是自杀。实际上一万个自杀的人当中只有两三个是年轻人，但是说"想死"的年轻人可比这多太多了，年轻人没有那么容易就去自杀的。

但是，和一般的年轻人相比，茧居的年轻人的自杀率真的很高。父母不要因此惊慌，不要害怕，对于孩子的"我想死"要冷静应对。

父母先要确认他自杀的危险程度。

确认孩子说想死的频率，是只有一次还是很多次？
是否有过割腕或者大量服药的自残行为？
茧居了多久？
有没有被霸凌或被暴力对待的经历？
有没有考虑过具体的自杀手段，还是很含糊地说自己想死？

除了父母，他还和谁说过自己要死？

有准备遗书之类的东西吗？

会把原来的信件拿出来处理或者整理自己的人生吗？

我们要根据以上的判断标准来衡量孩子自杀的危险程度。

程度高的话，应该马上进医院。如果并没有那么严重，就接受孩子说"我想死"的心情，并且与孩子一起考虑能活下去的方法。我们不能认同"死"的这种行为，但是对于"死"的这种想法，我们不要否定它，尽量接受，人们会因为太痛苦了，以至于想去死。"想死"这句话是"太痛苦"的表示："说实话，我真的不想死，但是活着又实在是太痛苦，只有选择死亡了。"

不管怎么说，孩子自杀的念头，只有父母知道，父母的心理负担会很重。因为这里存在自杀的可能性，所以请尽快找专家帮助。

面对高龄茧居族的时候

问：

我弟弟已经四十岁了，年轻的时候打过一阵子散工，近十年基本上就没怎么工作过。和家人很少说话，父亲已经完全放弃他了，母亲还会偶尔和他讲讲话，但是如果这些话是他不想听的，他就会大发雷霆，甚至还会有暴力行为。他每次这样，母亲都会吓得一动不动，父亲退休以后身体也不算好，现在父母都很害怕弟弟。

　　虽然一直就这样放任不管对谁都不好，但是父母也到了这把年纪，不管是精神上还是身体上都已达到极限。弟弟也不是总这样茧居在家，每次出去都是说走就走，从不跟家人打招呼。他也没有朋友，一直都是自己一个人，我们也不知道他去了哪里。父母什么也不过问，只是给他零花钱。

　　等将来只有我这个姐姐的时候，可能就要换我来照顾他了，我对此非常担忧。为了照顾自己的家庭，我都已经精疲力竭了，一开始我丈夫对弟弟还给予一些理解，现在对他完全就是厌烦。

　　现在，因为一些原因，父母要把家里的房子脱手。如果我弟弟需要，我们就给他租一间公寓。前几天父母和他说了这件事，但是他断然拒绝说自己不会搬走。弟弟对自己拥有的东西异常执着，他的房间已经变成了垃圾场。

　　家人一起劝他，想必他也不会有反应吧。我想用写信的方式来和他说说这件事，但弟弟一定会待在屋里都不出来。我真不知道到了那时该怎么办才好。跟保健所或者是警察商量一下会不会好一些？如果强行把弟弟从家里拖出来，不知道弟弟会做出什么事情来。

答：

首先为了父母，也为了你弟弟，让他们分开是当务之急。

不管是对像小孩子一样对父母暴力相向的弟弟也好，还是对已经精疲力竭的父母也好，现在让他们住在一起不是一件好事。但是要和弟弟说明白不能在一起住了，对于年迈的父母来说也不是一件容易的事情。

这次是让他离开家，和父母分开住的绝无仅有的机会，但是这话要是让父母来说就会跟"修罗场"一样恐怖了。这件事应该由第三者介入来解决比较好。若弟弟不管谁在场都会对父母暴力相向，那么在姐姐面前也可能会施加暴力，不如让你丈夫协助一下，怎么样？你的丈夫和你的弟弟稍微有点距离，弟弟有可能还能抑制住一些怒气。找保健所、警察或者是支援团体来帮助也是好方法。

让他们分开生活，能够在一定程度上解决父母的负担，弟弟也能冷静地面对现实。这个时候再重新去看待父母和弟弟之间的关系，让他们能够进行没有愤怒和恐惧的正常对话是我们的终极目标。

最近出现了那种十几岁二十几岁就开始茧居，一直茧居个十多年，变成了三十多岁、四十多岁的高龄茧居族。

像这样长时间不工作也不就业，说实话，让他再重新就业找工作自己赚钱真的非常困难。独立生活基本上就是不可能的，茧居者也没有想过独立，只能考虑父母有多少遗产，能维持多久，是不是可行等，也许只能靠着年金和生活保障，还有父母的救济活着。

将来父母去世了，你也不用像现在父母给他零花钱一样给他钱花，也没有必要照顾他。虽然这样做很残酷，但是也只有这样，你的弟弟或许才有靠自己生活的想法。

作为姐姐，请你先照顾好自己的生活。等到手头宽裕的时候，再给他一些援助。牺牲自己的家庭来帮助弟弟，对弟弟来说也不是好事。

支援茧居族的终点

问：

对于茧居者的支援与帮助，我们要做到什么程度才是结束或完成目标呢？

答：

第一个终点就是，帮助茧居者实现经济独立，使其即便没有父母的帮助也能自己生存下去。

和家人以外的人多交流，做好上学独立的准备，通过自己工作来获得报酬。还有一种就是茧居者有了自己的家庭，在家庭中实现了自己的价值。

但是，对于多年一直茧居的高龄茧居者来说，这样的目标就不太容易被实现了。

第二个终点就是融入社会。

若茧居者常年不就业，在经济上让他独立是很困难的。比如，像那种十几岁就开始茧居一直茧居到三十多岁的人，他在这期间没有就业的经验，靠自己的收入来生活是极其困难的。经济独立的这一个目标对于他们来说是不适合的。我们可以先帮他和社会建立一定的联系。

打工那点钱是不足以支撑茧居者独立生活的，就只能靠年金、父母的财产或生活保障制度等。茧居者还可以通过加入福利机关、做志愿者等活动找到和人打交道的乐趣，建立除家人以外的社会关系。

第三个终点就是融入家庭。

如果茧居者茧居过久，那么茧居者和家人之外的人交流就是一件很难的事情。终点就落到了家庭内部，虽然茧居者继续茧居，但是为了让其和家里人能够自如交流，创造一个舒服的家庭环境也是必不可少的。这个时候我们要做的就与茧居者一开始茧居时一样，避开家庭的各种纠葛，创造一个好的环境让茧居者安心茧居。其实，有连这一点都做不到的茧居者。

比如，有些茧居者在家里和谁都不说话，和母亲可能还说两句，但是和父亲就一句交流都没有。像这样的状况持续多年以后，茧居者在家能够与家人顺利交流都成了问题。

这种时候，把家里的氛围弄得舒适就成了终极目标。家人与茧居者之间不要互相传递不安、绝望、愤怒等心情，也不要互相敌对或者断绝关系，要互相摸索转达信息的方法。

设定这些目标的都是当事人的家人，支援者只能帮其分析现在的状况和未来的发展方向，目标的选择取决于当事人的情况。一般情况下这都是由茧居者本人来选择的，但是茧居者本人拒绝支援的话，家人就要替他选择。这个时候比起本人，我们要优先关注家人的问题。

第 5 章

激发父爱的力量

建立孩子和父亲的关系

问：

我家孩子蛰居已经有两年了，除了家附近的便利店，基本上哪里也不去。他在家时要么看漫画，要么就是玩电脑游戏。他没有踏入社会的勇气，还没有就业。

孩子在家的大量时间都是和我在一起的。孩子很喜欢说话，经常和我聊天，但基本上和他爸什么也不说。虽然我们夫妻关系很好，但是因为我丈夫工作很忙，所以他在家的时间不多。我们夫妻之间也没有什么交流。

答：

孩子和母亲待在内部世界时没有太大的问题，孩子好像更多的是不愿意踏入外部世界。青春期就是从内部世界跨到外部世界的重要时期。母亲在内部世界保护孩子，温柔地对待孩子。但是只是这样做的话，孩子是不会向前进的，当然更不会主动挑战外部世界了。我们不知道孩子身上发生了什么，但是我们要让他有能够踏入外部世界的勇气。母亲离孩子太近是不能激励孩子产生去外部世界的勇气的。

我们不如让父亲来担当这样的角色吧。我们需要把父亲和孩子之间的距离稍微拉近一些。

孩子在内部的世界待久了，已经沉浸进去了，自然会觉得父亲莫名地讨厌。对孩子来说，父亲已成为外部世界的代表，与家中的氛围格格不入。孩子会感觉父亲很可怕、很不讲道理，或者觉得父亲只是高高在上地看着自己，尽讲一些大道理，一点都不理解自己。如果孩子有这种想法，他自然会疏远父亲。反过来说，如果我们能够让孩子接受父亲，改变之前的想法，就能把孩子引导到外部世界去。

孩子和父亲之间的关系不好也没有关系。莫名讨厌或者有违和感也没有关系，创造机会让孩子和父亲多交流吧！其实父亲手中握着给予孩子勇气的钥匙，父母要了解这一点。

在家时间很少的父亲不知道怎么和茧居的孩子相处，又不能像母亲那样顺着孩子的意愿做事，这种相处也没什么问题。不如说正是说话有点生硬的父亲才能更好地让孩子面对尴尬且有违和感的场面，让他不要一直待在内部世界里。父亲应先主动和孩子搭话，刚开始谈话的时候先避开孩子讨厌的话题如升学、就业等，先和孩子说一些对他来说很轻松的事如运动或兴趣之类的。

父亲先开口可能会造成孩子的不悦，所以此时请母亲也到场。母亲的任务就是不说话在一旁看着两个人闲聊。就算两个人之间的谈话进行得不是很愉快，也不必参与进去。对于父亲主动找孩子聊天和孩子对此有抵抗心理这两件事情，母亲都要包容，并且把这种包容传达给两个人。之后母亲也可以制造一些一家人一起出门吃饭的机会。

另外，要让孩子看到夫妻之间关系很融洽的样子，父亲尽可能聊一些孩子之外的话题。孩子一开始可能会对父亲有距离感，但是看到自己喜欢的母亲和父亲走得很近，也会慢慢和父亲亲近，逐渐接受父亲。

由此，父亲就进入家人的交流轨道上了。孩子经常和母亲待在家的这种状况是不好的，父母要将外部世界带入家庭，让孩子脱离茧居，有勇气面对外部世界。

青春期就是父亲该登场的时候了

解决茧居的特效药就是父亲。如果能很好地利用父亲的力量，那么茧居的问题就会迎刃而解。

然而，日本家庭普遍都不怎么运用父亲的力量。日本到现在还保留着那种男女分工的社会文化。最近，女性在公司就职的现象变得司空见惯，反而出现了"全职奶爸"这样的男性，虽说这种现象越来越普遍，但是在人们根深蒂固的思想里还是认为应该由母亲来养育孩子。

的确，女性在家养育孩子，男性外出工作，这种角色分担大大地提高了效率。在第二次世界大战后的复兴期和高度成长期，这种角色分配支撑了经济增长。对于正常家庭来说，这种分配是没问题的，但是如果家里有茧居的孩子，这种角色分担就会略显不妥了。

若孩子能和父亲建立良好的关系，茧居的孩子就会被父亲带动，来到外部世界。

但是，这实施起来并不是那么简单。

第一，男性在家的时间有限。明明就是为了这个家在拼命地工作，结果和家人在一起的时间却非常少。这不是父亲单独能解决的问题，这是整个日本企业文化的问题。就算民众要求男性也有育儿休假，但已经形成的制度可没有这么容易被改变。离这个社会给男性与孩子多一些相处的时间的目标，还有很长的路要走。

第二，在家庭内部，孩子和父亲就没有形成多沟通、多相处的习惯。即便是父亲想与青春期的孩子沟通，但是孩子在之前十多年只尝试过和母亲相处的模式，所以实际上教育孩子这件事根本没有父亲参与进来的余地。

第三，母亲的抵触感。也许之前母亲再三寻求父亲的帮助无果，母亲就会干脆放弃，一个人养育孩子长大。因为母亲一人养育已成为习惯，现在父亲想要参与进来一同养育孩子，母亲就很难与父亲合作了。而且父亲突然闯入，会打破母亲辛苦建起来的教育模式。孩子也讨厌父亲，因为和父亲沟通很麻烦，还不如找母亲来得快一点。

第四，父亲的抵触感。父亲一直以来都没有融入家庭中，不知道怎么和孩子相处。这在孩子小时候还好说，现在孩子处于青春期正是最不好相处的时候，父亲就更没有主张了。就算父亲和孩子小心翼翼地接触，孩子的表现也多是缩到母亲那边去。父亲想和孩子亲近，但是有妻子和孩子的抵触是怎么也接近不了的。

而且，当下的这代父亲本身就是经历过日本经济高速成长期的一代人，他们和自己的父亲的接触就很少，所以他们当然不知道怎么和孩子相处了，也不知道和孩子在一起应该说些什么。

　　家庭治疗的目的就是要处理这些问题，心理咨询师与来访者一起探讨怎么样让父亲学会发挥自己的作用。良好的夫妻关系是通过经常的沟通建立的。夫妻之间能够互相理解彼此的想法，根据时间和场合的不同可以默契地将角色互换。而死板顽固的家庭当然就是交流很少，各持己见，谁也不肯妥协。家庭治疗的目的就是要让家庭内部更有活力，使其良性发展。

想要吐露真心

问：

我儿子从三年前开始茧居。他不去上学后，学校给了留级的通知，我们夫妻就擅自帮孩子办理了退学手续。到现在孩子都不认同我们的做法。

对于儿子，我们只能一味地道歉："我们也是经过一番痛苦的思考才这么做的。太对不起了！"

"你不肯告诉我们不去学校的理由，这也是你的责任。"

"过去的事情已经过去了，我们全家人一起考虑将来的事情，不要自己一个人苦恼。"

因为我们一直都站在儿子的角度去思考，就觉得最难受的一定是孩子自己，所以我们始终在用温柔的态度对待孩子。但是孩子或许是非常希望我们能够生他的气的。我想和儿子面对面好好说说真心话，怎么样做才好呢？

答：

请不要有任何顾虑，把自己想说的都说出来好了。

关于中途退学的事情，你要告诉儿子："虽然很抱歉，但是你也对这件事有责任。"尽管你想温柔地对待孩子，但是有时候你也想好好骂他一顿——你想把这些告诉孩子吧。在你和孩子谈话的时候，你自己的情绪就可以得以转换，你想传达给孩子的东西就会很顺利地传达到。

为了顺利地和孩子沟通，父母必须恢复自信心。让我们来转换一下思考方式。父母不要去承接儿子的痛苦和责任，而是要把这些交给孩子，让他自己去承担。

你们之所以会做出退学的决定，是因为孩子什么都没有表示，只好由父母负起责任。因为父母是付学费的人，这么做也是理所当然的。但父母在为此事道歉之前，请先告诉孩子事情之所以到了这个地步是因为他自己没有把自己的意思表达清楚。

"我们全家一起考虑将来的事情，不要自己一个人苦恼。"这样的话一出口，孩子就会把自己的责任转移到父母身上。父母应该和他这样表达："对于以后的事情，请你自己考虑清楚，如果需要父母的帮助，我们会帮助你的。"通过这种话，就把决定权交给了孩子自己。

我想你们就是过于温柔了，如果父母一直忍不住要温柔地对待孩子，实际上就是你们心里把已经长大成人的儿子还当成不能靠自己力量站起来的小孩子。若父母一直帮孩子承担责任，孩子就不会自己承担责任了。如果父母对孩子总是事事担心，那么就不能很严格地训斥孩子。光是温柔地对待孩子，孩子是不会进步的。

父母要把温柔的话和训斥的话都灵活地运用起来，不过当孩子做了好事的时候，请你们也不要吝啬夸奖。

如果孩子做错了，也请父母好好与孩子沟通他的错误。批评和否认是不一样的。"这样做不行"这种话语的背后其实是告诉孩子你可以做得更好，再多加把劲，不能做消极的事情，要更积极地行动。父母肯定会担心，若自己的语气重了，孩子是不是会伤心。如果父母给孩子传达了一种很强烈的信心，也就表示你们认同了孩子心中的坚强。从结果来看，这是给予孩子勇气的做法。

当孩子根本听不进父母的话时

问：

孩子不适应学校，退学之后就一直待在家里。虽然我们已经开过很多次家庭会议，劝孩子去打工，但是他总是找理由说："我在找呀。"但最后还是赖在家里。我们怕他生气，所以也就这么一直僵着。

他现在出门的时间越来越少，几乎不出门，我们真的为他的将来感到忧心。我们想让他到外边工作，简单的工作也行，可以结交一些朋友。我们该怎么办才好呢？

一直以来，我和妻子两个人都在想各种办法，不过没有做过心理咨询，可能还是不够尽力。作为父母，我们应该用什么样的态度对待孩子呢？家里亲戚也指出，我们不能再这样畏畏缩缩了。

答：

请父母再和他好好谈谈，让他去找工作。开了很多次家庭会议，但是还是没能成功，在家里人看来就是"父母没有尽全力"，既然有人这么认为就代表父母还有进一步做孩子工作的余地。

想要让孩子听进自己说的话，这是很难的一件事，父母需要有足够的勇气面对孩子。家长可能会担心，管得太多、说得太多会不会引起孩子的反感，甚至伤害到孩子，而孩子会为此深受打击再也站不起来了。对于这个干预的程度，父母总是感到非常困扰。

孩子特别暴躁，父母才会小心翼翼，如履薄冰，但这样的相处方法是无法让孩子成长的。父母应该鼓足勇气彻彻底底地把自己想说的话都传达给孩子，这才是父母应该采取的教育方式。让孩子从万能的自我中走出来，自信地走进外部世界。在家里，若孩子连父母的一点小伤害都承受不了，出去自然会受到更大的伤害。所以父母在家里就要锻炼孩子面对挫折的能力，这样孩子进入外部世界后即便是受了一点小伤也会很快地复原。父母要把孩子引导到外面的世界中去。

这种引导的关键在于，父母要对孩子给予肯定与认可，这是非常有必要的。父母要相信孩子一定会冲破重重阻碍，即便受伤也能自己化解，请父母将这种信任传达给孩子。相反，如果父母一直对孩子抱有否定的态度，就会提前预设自己的严厉会使孩子受伤甚至崩溃，所以难以给孩子严厉的批评。父母不能小心翼翼地对待孩子，若孩子不能掌握跨越伤痛的本领，就难以跨入外部的世界。

父母是否需要先找咨询机构去咨询一下？父母不明白自己该怎么做的时候可以寻求专家的帮助，把迄今为止自己与孩子的相处模式和态度都与专家沟通一下。这样一来，父母不仅能够回顾一下自己原来做过的事情，也许还能从中发现一些新方法。但是咨询不一定能解决所有问题，孩子可能根本就不愿意了解你们的想法，会违背你们的期待，甚至让你们受伤。

重要的是要做好承受风险的准备，父母要做的是面对这些风险而不是回避。孩子在走入外部世界的过程中也是有风险的，所以父母面对风险的做法会成为孩子行动的指引。

让父亲参与心理咨询

问：

我儿子开始茧居了，我想让孩子和他父亲都来做心理咨询，但是我丈夫工作很忙，和我说都交给我了。孩子父亲不来参加真的没关系吗？

答：

没关系，一个家长还是两个家长来参加家庭治疗都是可以的。

家庭治疗在最初推行的三十年中一直都坚持全家人来参与，但是现在的治疗方式比较灵活。一个人也好，两个人也好，兄弟姐妹、爷爷奶奶都来参与也是可以的。家庭治疗主要着眼于让茧居者和家人相互联系、相互作用。即便是你自己一个人，也请来做心理咨询。

但是，若我们深入思考，你的丈夫所说的"全都交给妈妈你了"，或许正是解决问题的突破口。一直以来，父亲都忙工作，孩子的事情都是由母亲在全权管理。你家已经形成了固定的家庭模式，如果把父亲加入目前的模式中就会形成一种新模式，这种新模式会改变孩子茧居的行为。但是现在让父亲来参与心理咨询是一件很难的事情。如何才能让父亲来做咨询？我们要好好地沟通一下这个问题。

虽然父亲让母亲全权负责，父亲也确实是很忙。但是如果父亲认真对待孩子茧居这件事情，想要来参加心理咨询，工作之余是怎么都能挤出点时间来的。

很多男性不喜欢心理咨询，向他人求助会让他感觉很伤面子。古时男性就一直发挥着首领的作用，为家里带来收益，从外部保护着整个家庭使其不受伤害。现在仍持这种观点的男性也不在少数。男性的这种自尊心使得他们不愿意接受外来的帮助。

另外，男性不像女性那样能够把自己的感情表达出来。父辈们教育孩子总是遵循"少说多做""不轻易示弱"等原则。像悲伤、不安、恐惧等负面情绪对他们来说都是"怯懦"，把这种怯懦展现给别人看是万万不可的。

其实男性也会因为工作和家庭而十分苦恼，时常受到伤害。这份心情只是被一直压抑着而已，等到真不能再承受的时候就会变成"愤怒"倾泻而出，宣泄到身边的人身上。虽然男性也不想发火，但是他们只会通过愤怒的方式来表达自己的感情。所以他们会避开亲近的人，最终就会陷入远离孩子和妻子的恶性循环的状态中。

你的丈夫所说的由母亲全权负责这句话里面可能有其他含义。比如："一直以来都是你在管，现在孩子到青春期了，虽然我也想插手，但是我又实在不知道怎么和孩子相处才好。"可能只是没有自信和孩子相处罢了。

父亲想以自己的方式和孩子相处，但是母亲却说"那样做不好"。夫妻之间的意见不能统一，这会导致夫妻关系变得紧张。因此父亲就会考虑还是让母亲独自处理比较好。

也有一种情况可能是，父亲和孩子搭话，却被孩子无视或者拒绝了，父亲觉得很伤自尊心，自己的气势也就被削弱了。父亲本身可能就没有和自己的父亲相处的经验，也不知道如何去对待自己的孩子，他确实是不知道该怎么做。

如果是这样，母亲一个人来做心理咨询也是可以的。母亲在关注如何和孩子沟通、如何给孩子勇气的同时，也要想办法让孩子的父亲与孩子多交流，夫妻同心协力来处理这件事情。

和父亲相处获得成功的案例

问：

儿子在小学时经常被老师训斥，还会被同学欺负，受到过很大的伤害。他只能用学习来让自己变强，之后通过努力学习终于升学了。但是儿子开学后就像累到了极限一样，不去上学了，一直持续到现在。

孩子和父亲之间的关系从青春期开始就不好。孩子的父亲是个很认真的人，但孩子却说"印象中自己没有被爸爸批评过"。我本来想带着孩子一起过来的，但是他对心理咨询漠不关心。

去年，儿子开始出现割腕的行为，经常大声地朝外边喊，把家里的墙壁也砸出了个大洞。一家人就一直过着这种担惊受怕的日子。从那之后，我丈夫就有了些变化，他开始和孩子说话了。虽然孩子说"爸爸很严厉"，但是父子之间已经比之前多了很多交流。儿子现在会自己前往福利机构做日间治疗。和去年相比，今年真的是好多了。

我们夫妻准备就这么一直守护孩子。儿子现在还处于很不稳定的状态，一回到家就把外边的不愉快讲给我听。为了能稍微让他心里好受点，我们一直扮演着倾听者的角色。而且当父亲做他的听众时，儿子就愿意把所有的话都讲出来。我真的是感受到了父亲的力量，这真的是很重要啊。

答：

这是一个通过父亲的力量使得茧居的孩子重新获得自信并帮助整个家庭跨过危机的好例子。孩子原来没有受到过父亲的批评与害怕父亲这两点，乍一看好像是很矛盾，但是这种情况在茧居的人当中是一件司空见惯的事情。尽管父亲既认真又温柔，但是孩子和父亲交流得少，可能使得孩子不知道父亲在想什么而非常担心。人们对于未知的东西容易产生"有威胁"的感觉。

孩子在小学的时候受到过老师的压迫、同学的欺辱，一心想着用学习来争口气，但现在也不能自由自在地和外部世界的人交流。

而帮他把这种障碍推倒的人是父亲。对于儿子来说一直是很有距离感的父亲让自己有着威胁的感觉，但是这样的父亲愿意与自己接触，孩子在不知不觉间就跨越了威慑带来的压力。

孩子在童年时代的痛苦记忆也就得到了治愈，也就能和别人顺利交往了。因为母亲太温柔了，孩子并不害怕母亲，所以在这个阶段母亲的温柔起不到作用。正是因为父亲有着外部世界的人所具有的威慑力，孩子在这个阶段才应该多接触父亲。父亲作为孩子跨向社会的一个陪练者在这个阶段发挥着作用。

父亲对孩子茧居的事一般都会很生气或者很烦躁，但你的丈夫并没有这样。如果孩子大声吵闹或者暴力相向，父亲当然可以大声呵斥孩子。但如果这样做，孩子就会越来越不能从威慑感中挣脱出来。

母亲应该从母亲的方向去努力。面对家庭危机，父亲在和孩子直接接触的时候，母亲要在后面起推动作用。母亲可以认真回顾一下自己接受心理咨询的过程，作为母亲，经常反省自己和丈夫过去对待孩子的方式，这对家长来说也是在帮助自己和孩子相处。

这个阶段，虽然你的丈夫没有接受过心理咨询，但从妻子那里得来的帮助是显而易见的。妻子给丈夫的影响成为丈夫能够冷静面对儿子的能量。

终于能够和家人顺利相处的 K

K 先生是一名很有能力的公司职员。在公司很受人尊敬，但是在家里经常会对孩子和妻子暴力相向。对他来说，家人是很遥远的存在。于是，他求助于心理医生，认真面对自己和家人的问题，他来咨询的目的是为了能和茧居的儿子融洽相处。下面是 K 先生所说的话。

"我不是一位称职的父亲，孩子从未得到过我的认可。我家孩子反而因此拥有了异常强烈的自尊心。我工作十分努力，我在社会上有自己的地位，也是一个相当成功的人。

"儿子小时候就看着我的背影努力地想要追上我。他在初中时还算优秀，但是到了高中成绩就落后了，他身边的同龄人都比他优秀，他受到了非常大的打击。为了不让自己的自尊心受挫，儿子将责任推给了我们。他觉得这都是我们父母的错，觉得自己什么都没错。他每天不出门就闷在家里，很害怕自己受到伤害，一直都维持着自己脆弱的自尊心。

"但多亏了儿子的事情，我也回想起很多过去的事。我一直以来都在受自己原生家庭的影响。所以我很感激让我察觉到这一点的儿子。"

K 先生察觉到自己原来和父亲之间的关系与现在儿子和

自己之间的关系很相似。

　　K先生也没有被自己父亲认可过或接纳过，所以他也不知道怎么去接纳和认可自己的儿子。但是如果人不被他人认可是没有办法活在这个世界上的，人需要有一定的安全感，"自己是被认可的""自己的出生是件多好的事情""虽说自己既有优点也有缺点，但是总体来说自己还是个有价值的好人"。

　　K先生找到了自己曾不被父亲认可的部分，他因为小时候想要获得这份认可才努力做出优秀的成绩，非常完美地在社会上取得了成功，但是内心脆弱的部分还依旧存在。他在被伤害的时候会表现得耐性很差，只受到一点小伤就会立刻大发雷霆。把"愤怒"当作一种武器，当然使用这个武器的最方便的场所就是家了，他总是为了保护自己而去伤害别人。

　　"没有什么特别糟糕的地方，基本上还是个好孩子。"像这样接受孩子的平凡，他是绝对做不到的，因为他本身就没有被父亲认可过，所以对于怎样才能完全接纳孩子这件事也就无计可施。

　　其实，K先生是个很爱孩子的人："我真的想为孩子做点什么，再这样下去孩子就真的一事无成了。"K先生很有危机感，觉得如果再不做点什么孩子就完了，而这种心情使得 K 先生的担心过于外露，把孩子不足的部分当成了父母的耻辱，从而总是大声呵斥孩子。

如果人曾得到过别人充分的认可，那么在遇到伤害的时候就能够撑过去。这时"不是百分之百就不行"的自我万能感就会消失，开始接受"其实百分之七十的自己也是很好的"这种想法，自己就会对自己发出肯定的信号了。

孩子在接触了很多人之后，即便发现大家都不是按照他的想法来回应，多多少少也能承受住这样的伤害了。然后逐渐顺利地和他人相处，并且在错综复杂的人际关系中，找到自己所处的位置。

孩子没有能跨过家庭伤害这道坎儿，在社会上就难以找到自己的容身之处。而 K 先生虽然通过努力找到了自己在社会上的立足之地，但是在家庭中却没有找到自己应处的位置。

K 先生的优点就是能够直接面对自己的痛处，他察觉到了，为了和儿子顺利相处，作为父亲、丈夫、儿子，他必须面对这样的自己。

对于日本男性来说，承认"自己有问题，必须深刻反省自己"这件事是非常难的，然而，这位 K 先生却毫不含糊地完全承认了这一点。

传递父母的价值观

问：

我儿子自从开始茧居，在不知不觉间被迫接受了父亲的价值观。作为父母的我们或许要改变价值观了。为了不影响孩子，我们要认同他的价值观，我们该怎么做才好呢？

答：

茧居的人自己是形成不了价值观的，他们不知道自己怎么做是对的。在这种时候，父母让孩子形成什么样的价值观就很重要了。顺利地引导孩子，他就能找回自己的价值观。要是不顺利，或者是沟通得不好，孩子就不能明白其中真正的含义，就会迷失自我。

为了在社会中找到一条属于自己的路，要具备怎么样的能力和素质至关重要，而能力和素质是与个人的价值观密切相关的。这种价值观是自己一个人没办法形成的，孩子会通过参照身边的人或者是父母的价值观慢慢形成属于自己的价值观。

年轻人试图回应社会和父母的期待，在失败和成功中不断循环往复，在经历了这个过程后形成一个符合自身的价值观。为了形成一个恰当的价值观，好体验与坏体验都是必要的。

这些经验都是从父母的期待中得来的，父母要经常调整孩子的价值观，按照孩子的能力和性格来引导孩子，判断孩子自己形成的价值观是否合适并经常帮其调整。若是父母期待过低，或者是对孩子没有期待，孩子也就不会再努力了。只有给予孩子他能力范围内的期待，孩子才有努力的可能。

父母不能把自己的价值观强加给孩子。与此同时，父母也不能走极端，不传递给孩子任何价值观。如果孩子没达到父母的期待，就会让父母有心理创伤，之后父母就会害怕对孩子抱有期待。对孩子不给予任何期待，让孩子自由发挥的父母也大有人在，但这样的做法是不对的。父母一定要对孩子有所期待。这份期待不能过高也不能过低。对于孩子来说，最重要的是父母一直守护着自己，孩子就会很努力。

同时，父母也不能强势地灌输自己的价值观。父母的价值观肯定会影响孩子的价值观，但父母不能一味地把自己的价值观强加给孩子，而是要根据孩子的情况给予其正确的引导。父母在自己小时候也会被自己父母的价值观所影响，无意识中就会把这种价值观展现出来。

夫妻之间总会探讨各种各样的价值观的话题，从中就会有新的价值观出现。所以为了传递给孩子正确的价值观，父母就需要经常与人沟通。父母可以通过和孩子的对话、夫妻的对话以及和周围人的对话，建立起经得住仔细推敲的价值观。

让父母配合孩子形成新的价值观，这确实是有些难，尤其是对于父亲。在很多家庭中，基本上都是父亲来建立一个共同的价值观，母亲来支撑父亲所建立的价值观。最近却是相反的趋势，社会上出现了很多在家里根本就不能建立起价值观的父亲，大家都会叫他们："赶紧振作（振作起来为整个家庭建立价值观）！""不能总是摇摆不定，要坚定！"家里有人茧居这件事情可以提醒家人去审视自家的价值观，这是一个好机会。大多数母亲都能很灵活地应对，但是父亲就显得很笨拙了，毕竟常年固守某种价值观的父亲被"不能动摇"这样的保守观念左右着。

正因为如此，父亲的力量才会相当大。如果能修正家中的价值观，孩子就能够变得更轻松。

在日本的家庭中，孩子能够上好学校、能够去好公司有一份好工作是极其重要的事情。因为这些事似乎已成为家家户户的不成文期待了，所以父母与孩子在家庭生活中就没做过特别的解释。家人之间也不会去探讨这个价值观是不是适合孩子，因为这一切都是理所当然的。这种理所当然使大家都忽略了这种价值观并不一定适合孩子，导致孩子可能会因此而痛苦。

在家庭治疗中，我要是不谈及升学、就业等问题，父母也不会主动提及。在这种家庭环境下生活的孩子一般会认为，若自己不做点什么成功的事情，父母是不会认可他们的价值的。特别是在父母的学历都很高的家庭，孩子会有一种无形的压力，因为整个家庭对孩子的期待原本就很高。"爸爸自己就是在这种家庭中成长的，所以造就了这样的价值观。""就算不说你也应该知道，爸爸在你小时候给你灌输了这样的价值观。""现在爸爸在认真考虑你的事情，虽说现在你在茧居，但将来你还有其他的出路。这可不是什么所谓的失败的事情，爸爸觉得这么做也是一件非常了不起的事情。"

请这样与孩子沟通与商量，孩子才会知道父母是否给予了他认可并正视其中是否有可调整的地方，父母也能把孩子逐渐引到前进的路上来。

调整父母教育孩子的方法

问：

　　我的父母在教育孩子这件事上分歧很大，一旦谈及弟弟茧居的事情，就会马上吵起来。在四十多年里，父亲认真地工作，培养了我们。所以父亲对于弟弟不找工作这件事情格外生气与失望。父亲很期望弟弟能主动和他说说未来的打算。

　　在我看来，母亲确实溺爱弟弟。父亲会对母亲说："你到底是怎么想的？你有严厉说过他吗？"母亲就会说："他在想，不要管了，闭上嘴等一段时间又不会怎么样。"之后两人就对此闭口不谈了，一直都是这样来回反复，也不见有什么作用。

　　两个人的争论无非就是："你这个当妈的没教育好儿子！"或者是："你这个做父亲的，把什么都扔给我，其实你对孩子一点都不关心。"该怎么办才好呢？我是不是应该找一些咨询机构来调节一下？

答：

　　父亲和母亲的教育观念不一致也没有关系，重要的是夫妻双方要在这一点上互相理解与沟通，请你以这个为前提，和双方再谈一次怎么样。父母都渴望孩子成长，期待孩子成长。正因为如此，父亲和母亲两个人才要认真地谈一谈，毕竟他们在如何给孩子爱、如何和孩子相处上有着完全不同的见解。

　　父亲的想法是："虽然说我的做法会给孩子一些压力，但我希望孩子能够跨越过去，即便是在过程中受伤了也能挺过去，只要克服了就一定会成功。"而母亲则认为，要尊重孩子本来的模样："孩子在准备好后就会采取行动。"

这两种方法都没有错，都是对的，但是过于偏激地执着于其中一种就只能事倍功半了。父亲过于严厉，母亲过于溺爱。为什么会出现这样的两极分化呢？这恐怕源自父母的不安。

父母双方一想到"再这样下去，我的孩子就完蛋了！"他们就会开始焦虑地想着一定要为孩子做点什么才好，时时刻刻都有危机感。父亲急着让孩子早点克服困难，这种心情一旦过激就会做出强迫孩子的行为；而母亲怕孩子受到伤害就会过于纵容孩子。

父母双方应该互相配合，母亲无条件地把爱给孩子，父亲也要给孩子强力引导，将他带出迷茫、困惑、不安，孩子才会成长。

其实双方有两种不同的价值观不见得就是一件坏事，双方可以对它们进行比较，留下彼此都认可的部分，排除不能认可的部分，一起创造适合孩子的价值观。

过于严格和过于溺爱从表面上看是相反的。但是即便两个人的想法是完全不同的，也不能把对方完全地否定掉，因为每种想法都有可取之处。父母应该好好配合，同心协力。

当他们坦白地把自己的想法都说给对方听时，就会马上因为意见不一致而吵架。但他们既然要调整自己与孩子的相处方式，意见不合的争吵就是必经的过程。

首先，夫妻双方要多沟通，父母和孩子也要如此。如果和孩子的相处能有进展，那么夫妻之间的相处可能也会变好。反之亦然。

因为这毕竟是孩子的问题，父母都是外因，父母的想法不一致太正常了。请在孩子面前正常地吵架。很多家长都认为不能在孩子面前吵架，其实并不全是这样。把自己的心情准确地传达给对方是很重要的。暴力是绝对不行的，但是多少有些粗声粗气也是没关系的。

最重要的是让孩子看到，虽然父母二人意见相左、各持己见，但是争吵后却能够互相妥协、互相让步，并且能够找出一个折中的解决办法。这样一来，孩子就会知道虽然自己想说的话会伤害别人，但是一番争吵之后却仍能与之和好。这样的体验对于孩子来说是很重要的。父母不能让孩子看到吵架后彼此一味地逃避和隐忍。

但是，吵架必会伤害夫妻之间的感情，一方说另一方什么都不行的时候，被否定的时候，对方可能会陷入自我厌恶的情绪，所以大家要尽可能地避免这样的争吵。面对这种情况，就必须有一方先收手。在现实生活中，父亲一般会先撤出，那么母亲就会占上风，因为她和孩子待的时间长。孩子对待母亲的态度和父亲的完全不一样，于是父亲就会放弃和孩子接触。从结果来看，尽管因意见不同所导致的争吵停止了，但父亲的完全撤出只会让母亲备受打击。母亲会有一种强烈的危机感，感觉自己要孤军奋战了。这种危机感越强烈，对孩子的爱就越深，才会导致最后的溺爱。父亲对母亲和孩子的相处方式会非常不满，但是为了避免再燃战火，却什么也不说。

针对这种情况，心理咨询这边主要推荐"建设性吵架"，给夫妻二人创造一个安全的"擂台"，心理咨询师作为裁判出现，保证他们能在安全的情况下争吵。输赢并不重要，因为在两个人一同发泄过、并肩作战过后就会出现新的相处模式。我们接下来就举一个例子作为参考。

磨合双亲的想法

问：

弟弟是茧居族，虽然父母一直很担心，但不怎么讨论这件事。其实，父亲一直认为弟弟茧居是母亲的错，所以只是一味地责骂母亲。

我作为姐姐也介入其中，但是父母一直这样，我真的不知道要如何调解。现在，父亲的工作很忙，我和母亲与他几乎说不上什么话。我感觉父母之间已经到了某种临界点，马上就要爆发。我十分担心他们。

答：

首先，我想分别与你的父母聊一下。

母亲很担心孩子，平时和孩子相处的时间比较多。这样，母亲本来就会责备自己，怀疑自己是否真的没有好好引导孩子，导致孩子这样。加上父亲的指责，母亲在内心深处会认为自己失去了在这个家的位置，所以会很伤心。母亲的这种心情我非常能够理解。

责骂是语言暴力。遭受暴力会导致严重的伤害，现在你的母亲的内心已经是千疮百孔了，我们要做的就是先治愈她的心。

与此同时，我也会好好倾听父亲的心声。看你的父亲为孩子如此担心，他应该是一个非常为家庭着想的父亲。但是，因为父亲很忙又不能和孩子多沟通、多相处，这种不安就会变成语言暴力并被施加在母亲身上。

愤怒的背后一定有非常消极的情绪。男性一般都会在外人面前掩饰自己的不安，非常不习惯表现自己的不安。想要解决父亲的问题，先要让他来做心理咨询，然后我会认真地倾听他愤怒背后的不安和恐惧。如果父亲能够把自己都没有察觉的情绪整理一下，愤怒这种心情自然就会消失了。这样就能够控制住濒临爆发的事态了。

在这个基础上，我们再请父母一起过来商讨孩子的问题。他们的一切消极行为都源自孩子茧居使人看不到未来这件事。我已经基本上了解你弟弟的状态了，我们来一起讨论一下孩子以后可以选择的出路，找出具体的解决方法。

但是现实是很残酷的，事情并不能进行得很顺利。父母不得不改变对孩子将来的期待，有些期待和目标是实现不了的。虽然这样做会很痛苦，但是我会和父母好好谈谈，帮弟弟规划出现实一点的目标。

只要能看见将来，一些不安就会消失。然后针对这种可能性，父母要拟订一个共同努力的计划。先确定父亲和母亲能做的事情，然后父母要分工与合作，一起努力把这些做完。

计划在实际操作时可能会出现瓶颈，父母也许会感觉受挫，但是绝对不能焦急。孩子茧居的时间越长，恢复的时间也就越长。最重要的就是不要放弃。

父母尽可能地去尝试，什么能奏效什么不能奏效一起商讨，之后对计划进行调整，并且反复进行。

这样一来，父母有了共同的目标，就不会再争吵了。

对孩子的暴力倾向感到苦恼的父亲

问：

我儿子已经是大人了，但是他自己还什么都做不了。他会为此感到压力很大，有时候甚至会采取暴力行为。比如，有时候他会对我吃东西的声音感到很烦躁，突然暴跳如雷，把碗筷都砸碎。要是我说他，他就会变本加厉，还会摔其他东西。我和女儿谈了一下，女儿就说："父亲太宠哥哥了才会这样的。应该给他点钱让他自己出去闯一下。要不然就找个心理咨询师先谈一下。"

我想让儿子来做心理咨询。怎么样才能让孩子过来呢？因为他还没有生存能力，所以我很害怕他给别人造成麻烦，到底要怎么办才好呢？

答：

换位思考是很重要的。在劝儿子来参加心理咨询之前，不如我们先来看一下家人和弟弟之间的相处方式吧。

儿子将对自己什么都做不了的焦躁发泄到父母身上，这是他本人的心理问题，这通过心理咨询是能够解决的。但是，如果他本人不想接受心理咨询，一切就都无济于事。你的儿子现在的状态就是，不管身边的人说什么，他都熟视无睹。

我们再考虑一下之前父子的相处模式。因为父亲吃东西的声音而让孩子感觉很焦躁，那就证明了问题出在父子的相处模式上。如果父亲和孩子的相处方式有所改变，家庭暴力这种事情就会有所改善了。

姐姐反而更能敏锐地察觉到你们父子之间的问题："因为父亲太过溺爱弟弟。"被女儿指出来后，作为父亲你是怎么想的？你或许有不同于女儿的见解。

女儿说"让他自己一个人生活好了"，这个提案对你来说可能十分可怕，你害怕儿子会给别人带来麻烦。这里女儿的意见和父亲的意见显然是不一致的，哪个判断才是正确的？正是在这种意见不同的路口我们才能找到线索，重新审视家人之间的关系。在让儿子主动来做咨询之前，我们先对家人之间的相处方式从长计议，这才是家庭治疗。父亲一个人来也好，和母亲两个人一起来也好，或者是父母和女儿三个人一起来也好，都可以。

和孩子建立良好的信赖关系

问：

如果弟弟被父母指责"没有好好上学""不学习""大半夜

还在打游戏""不打工",就会暴跳如雷、暴力相对。所以家里人平时说话都会特别小心,生怕弟弟大发雷霆。家人为此感到十分疲惫,都和他保持着距离。

弟弟从小总是被拿来和我比较,而且他是在学习上和运动上都不太擅长的孩子。即便弟弟稍微努力一点做成功了,父母也只会说:"没什么了不起的!不要太过骄傲!"我觉得如果家人能再给他多一点认可,或许会更好,不过现在才说这种话或许已经晚了。还有就是,父亲非常偏爱我,却对弟弟非常严格,所以弟弟和父亲之间基本上没有什么信任感。

我想让弟弟独立,家人间能够重新建立起良好的关系,我该怎么办才好呢?

答:

问题的关键在于弟弟和父亲之间的信任感要如何修复。

父亲可能在用自己的方式爱着两个孩子,严格也是父爱的一种,但是非常遗憾的是,弟弟并不能感受到这样的爱。

现在开始转变也绝对不晚,不管过了多久都是可以挽回的。但是,没有那么容易,随着年龄的增长会越来越难。家人必须认真地来面对自己与弟弟之间的关系才行。

弟弟从家人那里接收了很多负面信息。像是"没好好上大学""不好好学习""不打工""晚上不好好睡觉"等。孩子的暴力倾向都是对父母带给他的负面情绪的反弹。在童年时代,你的弟弟一直被消极地对待。即便他努力了，父母也不会说"真是努力了""真棒"等类似的积极评价，而是否定他："没什么大不了的，不要自满。"

父母接下来要做的就是找出孩子的优点，然后让他知道自己其实很棒很有能力。被父母认同会让孩子产生非常大的能量，促使其积极面对社会。在这里父亲的认可尤为重要。即便是生活中很小的一件事，也请找出来并认可他。

百分之百不好的人是不存在的，你的弟弟肯定也在某些方面是很值得被肯定的。如果说从学习之类的事当中找不出来，就从兴趣、特长、每天的生活习惯等这些小事中找出他值得被肯定的一面，即便是他只是做了稍微努力就可以成功的事情，也要告诉他："做得很好！"

对孩子的认可是唤醒孩子的重要力量

问：

自从儿子茧居以来，我和丈夫就想尽了办法，但是到头来都是一场空，没有任何改善。我们现在真的是穷途末路了。儿子每天基本上就是在自己的房间里待着，从来不出门。澡也不洗，房间里因此有种难闻的臭味。我和丈夫都为此很烦恼。

然而，丈夫在家族工作中遇上了麻烦，如果不借助儿子的力量就撑不下去。最后，我们下定决心向儿子求助。一开始儿子倒是没什么反应，我们告诉儿子我们相信他能够重新站起来，也告诉他作为母亲我是怀着什么样的心态将他生出来的，现在想想都感觉自己能哭出来似的。

但儿子还是没有什么反应，终于丈夫开始大声呵斥儿子。就在丈夫绝望的时候，我对丈夫说："这孩子一定可以成为有作为的人，一定能帮上忙的。谁不相信他，我都相信他。"听了这番话的儿子一下子站起来说："我明天就开始帮忙。"

从那以后，儿子每天都会去帮丈夫管理自家的生意。后来也能一起吃饭、聊天了。

答：

是家人的力量拯救了孩子。因祸得福说的就是这么回事儿吧！

尽管儿子对母亲苦口婆心的劝说、父亲大声的呵斥都听不进去，却因为母亲突然的举动而敞开了心扉。这是父母对孩子信赖的力量，传达给孩子的瞬间，孩子就改变了。

儿子感觉到了自己被肯定的信息，也顺利地接受了。一直以来茧居的儿子都是家里最担心的大问题，但是当比儿子茧居还要严重的问题出现的时候，儿子从家庭负担的位置转换到了拯救家庭的位置上。

茧居时的儿子，因为是家庭的负担，固定了自己什么都做不了的思维模式。当他听到自己可以变成拯救家庭的英雄的时候，就自动地接受了英雄这样的角色。

而把儿子的这种情绪激发出来的则是母亲的话："绝对相信这孩子可以帮助我们。"母亲这种肯定的期待使得孩子内心深处多年沉睡的动力被激发出来。你们是非常棒的家人。

之前儿子一直把自己关在房间里，连搞个人卫生的想法都没有，这不得不让人怀疑他的问题已经是心理疾病了。可谁能想到已经严重到这种地步的儿子却因为母亲的一句话就重新振作起来了。

活力和热情不是人自身就携带的属性，从一个人出生开始到以后的生活中会不断变化。失败的经验和被人否定的经验过多的话，热情和活力就会消失，导致人陷入抑郁或茧居的状态。

然而，如果这些失败和否定能够被成功体验所改写，儿子就会恢复热情。

能做到这点的正是家人的肯定。

父亲能够给予孩子希望

问：

儿子从普通高中落榜，进入工业高中就读。本来我想着他原来说自己喜欢建筑，想学习和建筑有关的专业，还觉得上这个学校真好。但是孩子从五月开始就表示："我还是想要去普通高中读书。"他从六月份开始就不去上学了。差不多一个星期里，他都在砸墙壁、踢椅子。感觉他自己也想了很多，孩子看上去很憔悴。作为父亲，我真不知道说什么好就告诉他："不用勉强自己去上学，以后的事情以后再慢慢考虑就好。"

儿子早上也不起床，晚饭倒是和大家一块吃，在其他时间里基本上都是待在自己的房间里。他晚上不怎么睡，现在过着黑白颠倒的生活。他也基本上不出门，在家时与家人进行普通的谈话还可以，但一谈到将来的事情、学校的事情就马上闭口不谈。他现在既不说想要转学，也不说想要上学。我也尽量避免说类似的话题。

作为父亲，我现在不知道该怎么和他相处才好，我天天就看孩子的脸色活着。

答：

我觉得你传达给孩子"不用勉强自己去上学也可以"这样的想法很好。多亏了这句话，孩子才从砸墙、踢椅子等充满暴力的焦躁行为中被解放了出来。

现在他处于闲聊什么都可以，但就是不能谈学校的事情的状态。他现在对未来是迷茫的，怎么拨开云雾重新找回自己的希望，这一点要靠父亲的力量。目前来看，靠孩子自己是没有任何结果的。

将来的事情是非常重要的。让他感觉最焦躁、说了就会引起争吵的问题才是他的主要矛盾，所以我们只要抓住这一点就可以抓住解决问题的突破口。但是尽量不要硬碰硬地去谈这件事，减少令人绝望的消极话语，多用积极而有希望的谈话方式。令人失望的迷茫的话题是不能谈的，比方说："没有考上普通高中，去的只是职业高中""不是你想去的学校""不拿个高中文凭还是不行的""未来的路已经堵死了""没救了""已经落到茧居这个地步了"，等等，这些话都尽量避免，因为这会给他造成父亲在否定自己的感觉。

谈论未来时请和孩子多用一些充满希望的积极方式。比如说："职业高中也很不错。虽然别人都说什么专科不好，一定要上普通高中，但是爸爸不这么认为。""建筑专业很有意思呀！你以后一定也会成为有用的人的。如果你想转学的话也行，你现在有很多选择，不就是晚了一年而已吗？很快就会追上来的。"像这样的鼓励才能让孩子重新获得肯定，把他从消极的不安感中拽出来。

一味地逃避将来的话题是不会让孩子找回对自己未来的希望的，只会延长孩子茧居的时间。父母应该用有意义的、积极的话语来刺激孩子。

说否定的话会让孩子感觉很焦躁、很愤怒，用肯定的话语则会让他安心。请父母多给予孩子安全感。

相信全家人的力量

问：

我儿子上了大学以后就不怎么出门了，好像是因为人际关系的问题。虽然我看他本人也极力想从现状中摆脱出来，但结果还是没什么变化。我们家人也就只能这样守护着他而已。我想还是要靠专家才能改善这个状况，现在感觉我们家人什么都做不了。

答：

想必读者们读到这里也会说，家人能做的事情有很多。

我看到过很多束手无策的父母，他们就在孩子旁边守护着孩子。对于孩子，他们无计可施，就像被冻住了一样一动不动，而孩子不接触社会又何尝不是被冻在家里了呢？

家人光是守护是不行的，一定要积极地思考，把家庭的潜在力量挖掘出来并灵活运用。家人是幸福的源泉，同时也是不幸的来源。爱自己的家人会给人带来最大的喜悦并赋予人活着的意义。但只要踏错一步，多不幸的家庭都会出现。很多人因为家庭而烦恼、痛苦，有可能连活着的希望都被剥夺了。不论是从好的意义上来说还是从坏的意义上来讲，家庭对于个人生活都是具有很大影响的。

茧居这件事对一个家庭来说就是一件大事。虽然这是很大的问题和负担，但这也是检测家庭潜在力量的机会。家人之间能够互相分担痛苦、对彼此不同的想法能够互相理解，互相之间变得更加默契，会加深家人之间的关系。相反，若全家人都不能互相理解，孩子茧居的事情就会成为全家人的负担，那么整个家庭就这样分崩离析了也是有可能的。特别是像那种普通家庭，表面上看不出什么，实际上每个家庭成员的想法都是完全不一样的。

孩子茧居时间久了，父母就这么放任不管当然不会有所改善。但是这里也不是强行要求父母一定要做点什么，如果可以，父母要很自然地守护孩子，直到他自己觉醒。

我在这里想强调一下"自然"到底是什么。"自然"是一种肉眼看不见，自己抓不到也摸不着的东西。有时候父母下了很大功夫、好心好意努力出来的"自然"，实际上在孩子看来并不"自然"。但是家人间很难发现这一点，外人却可以及时觉察。

所以请尽可能地利用外部资源。但是也不能全都委托给专家，专家不能解决所有问题。只能说是借助专家和社会上的支援团体来共同解决问题。这里面自然少不了家人来担当主要的推动力。

茧居者本人并非解决这件事的核心动力，这就是解决茧居问题时需要相关人员注意的。因为茧居者是没有动力的，所以责备他也是没有意义的。这反而会让茧居者对未来丧失希望，对将来的一切始终感到不安和痛苦。

这时候为了茧居者，家人就应该发挥力量。每个家庭成员都有自己的想法，如果有第三方加入进来将家人的想法融通一下，就能引导出非常有帮助的力量。我遇到过很多用家人的力量让茧居者走出来的案例。

家人恢复力量，茧居者也能恢复精神。请千万不要放弃希望，继续向前。

後　記

在这里，我想向大家介绍一下我自己对家庭的情感体验。之所以这么做，有如下几个理由。

第一，我想让来访者了解我。

要想有效地进行家庭治疗，最重要的就是建立来访者和心理咨询师之间的信任关系。

家庭治疗的目标就是帮家庭重新构建一个良好的关系，使得家庭的内部和外部联结在一起。为了把内部和外部联结在一起，首先要在来访者和心理咨询师之间建立信赖关系，然后将这种信赖关系逐渐向外扩大，使来访者和其他人也能建立信赖关系。深刻的信赖关系的建立主要取决于以下两点：（1）把真正的自己展现给他人；（2）他人不加批判地全部接受。特别是第一条很重要。如果只给别人看自己的表面而不露真心，即便对方接受了，你也得不到真正的信赖。

如果来访者切实感觉到这个心理咨询师能够理解自己，就能与咨询师产生更多的共鸣。这是从书本的理论中学不来的。那么，为了能和对方产生强烈的共鸣，心理咨询师应该先去面对真实的自己。为了能做到这一点。心理咨询师要反复理解自己的感情体验。

另外，来访者了解心理咨询师的本来面貌也是很重要的："原来如此，这位医生有这样的经历，所以才能这样理解我的心情呀。"为了能和来访者有这样的共鸣，心理咨询师就要让来访者也了解自己。我在进行心理咨询的时候是不会这样做的，这倒不是因为不好意思，而是因为我一般都会在演讲或是团体治疗的时候说起我自己。其实我认为如果心理咨询师在个人心理咨询的时候说自己的事情，来访者的立场就容易被改变；我不能用我自身的体验与来访者的体验做对比，"我也有相同的体验，我挺过来了，你也可以跨过来"。这种话是说不得的。由于这个原因，我在做心理咨询的时候是不会说自己的事情的，所以我在这里通过本书告诉大家。

第二，参照自己的家庭体验，能够提升心理咨询师的家庭治疗技巧。

这里不是在强调家庭经营模式的好与坏。在 20 世纪 80 年代，有关家庭治疗的书上写过模范家庭是什么样的，但是之后出版的书都没有提到这一点。因为家庭治疗在不断进步，能容纳更多类型的家庭。而家庭成员也更关注自身价值的实现过程。

心理咨询师通过自己所持有的价值观和家庭观的透镜来理解来访者，这样一来，心理咨询师当然不可能完全中立。因为有自己的价值观在干扰，人都会有喜欢与厌恶的情绪。不要光是一味地想去除这种"有色眼镜"，而是要知道怎么辨别。所以，心理咨询师要回顾自己的家庭体验，判断自己的家庭体验会对自己的临床实践有怎样的影响。比如，在来访者的众多信息中，找到自己应该注意的地方，怎么样去看待，怎么样去循序渐进地介入，这些都是心理咨询师应该深刻理解的地方。

闲言少叙，下面开始步入正题，说一说我的家庭体验。

在我的家庭生活中，父亲一直都是重要的存在。

我的父亲是教育心理学家，专长不是临床心理学，所以基本上没有从事过临床活动。他在教育研究所工作过，也在大学当过老师。父亲在认可孩子方面非常擅长，这并非因为父亲学的是心理学，而是与父亲的成长经历有很大的关系。父亲在他的七个兄弟中排行老二，而我的祖父在家中也是非常有影响力的。

我记得我小时候在睡觉前一定要摸着父亲的胸脯，因为我两岁的时候妹妹就出生了，母亲为了照看妹妹，哄我睡觉的任务就交给父亲了。我睡觉前摸摸父亲的胸脯才会安心，否则就睡不着。那个时候的我为此感到非常羞耻，经常想，要是我上了小学还不能停止这种幼稚的行为的话该怎么办，小小的我心中藏着深深的担忧。尽管那是我记忆中的一段很羞耻的体验，但是这个举动却表现了我对父亲的依恋。

小学四年级的时候，我一门心思地扑在那时流行的收音机制作上。我和父亲一起去神田的电器街买了一套收音机的组装零件。我第一次使用烙铁就烧到了自己的手，但是当我做出了半导体收音机时，父亲夸奖了我。从那以后我就会自己去秋叶原的电器街淘一些东西。

上中学时，"笔友"非常流行，我也给国外的同龄人用笨拙的英语写信。我发现，在国际通信指南书的最后几页上有关于高中生去美国留学的介绍，自那以后我开始憧憬去美国留学。但我的高中班主任觉得在学业中途去美国一年会对我的升学考试很不利，所以并不赞成。而我的母亲也觉得，孩子要在国外自己度过一年是一件很令人担心的事情。那个时候支持我的就只有父亲和我的初中班主任。也正是有了他们做后盾，我的留学梦想实现了。顺便提一下，直到现在，我依旧与支持我留学的初中老师和反对我留学的高中老师保持着联系。

20 世纪 70 年代，日本和美国在物质上有很大的差距。那时很多日本人都有着去美国的梦。17 岁的我把美国的文化和人都过度理想化了。

我有一年的寄宿留学体验，寄宿家庭的"父亲"（男主人）是一名退役军人，在美国南部的乡村担任缝纫工厂的副厂长，每天下午 5 点 50 分，他就会准时回家。然后他就会和他的妻子一起做晚餐，吃过饭后夫妻俩会迎着夕阳坐在长椅上，有时还会有邻居加入，一起喝咖啡，直到深夜。

我把美国的"父亲"理想化了。他每天准时下班，从来都是以家庭为中心。他们夫妻平等，做家务也是各分一半，他对妻子非常温柔。现在回想起来，我对于当时美国的"父母"所产生的爱都是因为我的原生家庭的影响。

虽然日本家庭和美国家庭完全不同，但我当时却将二者对立起来做了比较。我回到日本后，感觉原生家庭的人也好、家的大小也好、家人的言行举止也好，都显得很小家子气。为什么日本家庭中的父亲不能对母亲温柔地讲话呢？为什么父亲不做家务呢？我在美国的经历导致我对父亲有了无形的批判。

从那之后，为了超越父亲，我进入了反抗期。纠结之后，又因为一个契机和父亲重归于好。四十多岁之后，我在临床训练中开始将这些经验都化为语言。那时我和父亲一起写了一本书，内容都是以我们的家庭体验为蓝本的。

就这样，我的青年时代是在日美两种类型的家庭中度过的，父亲这个角色是实实在在存在于我的生活中的。因为有过这样的体验，从事精神科医生的工作后，面对没有父亲的家庭我总会有一种违和感。

但是，父亲缺失的家庭也并不稀奇，因为日本家庭普遍都是这种状况。于是，我想会不会有这样的一个契机，以其为杠杆，来撬动日本家庭系统性的改变。

20世纪80年代末，我在英国留学，这个时期正是融合性别理论的开端，人们开始倡导男女平等、女权主义等。回国后，我自己也成了父亲，于是开始从男性的角度来研究"性别论"和"父亲论"，希望能够把这种理论应用在临床上。

如果说我与父亲的相处经验帮我建立了身为男性的自我认同，那么我对于母亲的体验却难以用语言表达出来。因为母亲给我带来的体验是安全的，但更多的是束缚感。

我的母亲是家庭主妇，每天都和我们在一起。在我小的时候，母亲非常开朗，社交也广泛，还曾经担任过我和妹妹所就读的中学的PTA副会长，每一天都过得很充实。

但是母亲的身体却很不好，她患有哮喘，每次铺床时都会发作，所以这些事都由父亲来做。但这毛病在她40多岁之后就治好了。我经常猜测，与其说这病是母亲身体上的因素，还不如说是她心理上的因素导致的。到底是因为什么，我现在也无从知晓了。

给我印象最深的就是考大学时的"便当事件"。在我考试的前一天，身体不好的母亲并没有给我做便当。对我来说，有没有便当都是无所谓的事，根本不会影响我的考试成绩，但是母亲却感到非常对不起我，为此向我道歉。我现在经常会在家庭教育杂志上看到那些能让孩子变聪明的食谱，而做了父亲之后我才知道，给孩子做便当是父母对孩子爱的表现。

父亲一直陪伴着开朗活泼却又体弱多病的母亲。要是没有父亲这种教育家的话，母亲一定会在教育孩子这件事上心力交瘁吧。

母亲现在已经80多岁了，虽然她的听力和体力都大不如前，但还是努力照看着孙子。年轻时候那么开朗的母亲因为岁月的蹉跎而显得不太有生气，总是焦虑不安。若是孙子和孩子晚上回家晚一点，母亲马上就会开始担心，会往坏处想。虽然母亲自己也深知这是杞人忧天，但是她完全控制不住自己的情绪。谁都会有负面情绪。很难对自己的孩子放手这一点，无论是我的母亲，还是我在临床时碰到的各类家庭，他们都让我对此有了深刻的体会。

我的父母不管是以前还是现在，都在用满满的爱守护着我。父亲肯定的爱给了我勇气去探索外面的世界，而母亲给予我的不安的爱让我知道回避外面的风雨，让我眷恋内部的世界。我绝对不是在否定母亲，正是因为有了可以随时回去的港湾，我才能够在外面的世界自由闯荡。但是，如果家庭的引力过大，引导人们走向外部世界的推力太弱，无法与内部引力相抗衡，人就很容易成为茧居族。

我在美国的寄宿家庭的"母亲"也很温柔，她是一位很温柔、很好的母亲，但是她一直都处于忧郁的状态，时不时就会觉得疲累，所以常会去附近的精神科医院看一下。因为我当时一直想成为医生，所以她介绍我认识了一名精神科医生。寄宿家庭的母亲非常信赖他，他是一个亚裔美国人，很重视家庭，经常在周末时和家人一起打网球。我们只见过一次面，但是这为我日后成为精神科医生奠定了很好的基础。遗憾的是，日本社会对精神医疗并没有给予充分的肯定。

我在三十五岁左右成了父亲，其中的幸福感对我来说真是任何成功都比不了的。从祖父传到父亲再传到我这里的爱，也将由我传给这个孩子。

　　丈夫见证生产是让男性成为父亲的一次绝好的机会。女性十月怀胎，孩子在女性身体里的时候，女性就已经成了母亲。男性没有这种经验，但至少在妻子分娩的时候能够在她身边和她一起承担，紧握着手术台上的妻子的手，和妻子一起做呼吸运动，可以共同拥有成为父母的瞬间。

　　孩子顺利出生，在妻子做第三产程（胎盘的处理）的数分钟内，我才得以安心地看看孩子。当时是产后一周内母亲和孩子都要住院，而在这一周内我都不能看到孩子。之后看到孩子的瞬间，我就在心中默默地对他说："小宝宝！（当时还没有起名字，所以只能这么叫了）我的小宝宝，我是你爸爸！请多多关照！我发誓以后一定好好地保护你，把你养育成人！"我想借此机会将"父亲"这个新的角色烙印在自己身上。

　　托孩子的福，这么多年我的心里一直都没有忘记那种感觉。在那之后，我陪同妻子一起度过了第二次和第三次生产，但是印象显然都没有第一次深刻，可能那一天是我成为父亲的纪念日吧。

　　妻子也好我也好，我们都有工作，育儿假后我们就把孩子们送到了婴儿托管所。孩子成了我和妻子的生活动力，我们两个人为了培育孩子准备拼尽全力。虽然我打算做一名好父亲，结果还是因为工作和高尔夫聚会而疏于照看孩子，没有帮助妻子承担负担。"你在外边一副了不起的样子，天天唱着高调说着该怎么养育孩子，看看你自己在家什么样！"我曾被妻子这样责备过，也因为这种事情总和她吵架。

　　刚结婚的时候我总能吵赢小我六岁的妻子。但是孩子出生以后，我越来越感到还是妻子的负担更加沉重，争吵总让我对妻子感到愧疚。

　　我的妻子五年前去世了。妻子因为小时候得过川崎病，导致心脏冠状动脉血管狭窄，她年轻时动了多次手术才保住了性命。但是在五年前的正月，她在全家人一块去滑雪的旅途中因突发心脏病而去世了。

　　我当时直面了人生最大的悲伤。在那之后的半年，我几乎天天梦见妻子回来，因梦中的再会喜极而泣。三个孩子非常担心我是不是得了抑郁症。我的身体和精神全都崩溃了，陷入连日常生活都不能自理的抑郁状态。抑郁症到底有多么痛苦，我是深深地领略过的。

　　我深刻地体会到，失去重要的人的痛苦，还是需要通过与其他重要的人交流才能治愈。

　　在妻子葬礼的一个星期内，我曾因孩子而结交的其他家长朋友们，每天都来安慰思考已经陷入停滞、身心疲惫的我。

　　幼儿园里结识的"爸爸伙伴"高岛亮先生建议我去写博客，那是妻子去世后的第三天。我把内心的伤痛一点点按照轨迹写了出来，与其他人分担我的悲伤。写的同时我也需要诉说，于是身为心理咨询师的我变成了来访者，接受了悲伤辅导。对于信赖的人，我能够倾诉一切，之后好不容易才恢复了内心的平和，抚平了内心的伤痛。

　　另外，那时我的父母成了我最强有力的后盾。我们的房子是由两代人同住的，妻子在的时候用铁门把房子隔开，妻子去世以后这扇门又重新打开了。算上孩子我们现在是一个三代人居住的家庭。父亲的安慰支撑着我和孩子们；母亲则帮我们洗衣做饭，照顾我们的生活。二十年前嫁出去的妹妹也在家庭和工作方面支持着我。

　　我的世界观在妻子去世后的五年内有了翻天覆地的变化。

　　首先，我生活的世界变小了。以前我都是在社会这个大环境中寻找自己的社会价值，担当着大学教授、医生等社会角色，通过上课、演讲以及媒体让大家知道我的存在。近五年，我开始从家人、朋友以及少数患者那里寻找生存的意义。我辞去了大学教授的工作，开始经营自己的精神诊疗所。

现在的我已经能真正地体会人生的痛苦和疼痛了，就像荣格说的"能够成为伤痛的支援者"。一个人如果自己没有体验过痛苦，那么他只会想象或曲解其他人的痛苦。回顾自己原来顺利的人生，感觉自己对他人痛苦的理解确实浮于表面。

孩子们都健康地成长着，长子已经成年了。在孩子还小的时候，我经常产生的能和他们一起晚酌的心愿总算是可以实现了。

初中三年级的二儿子马上要参加升学考试了。我和他的妈妈、他的哥哥、他的姐姐都曾就读于市立高中。虽然市立高中也是他的志愿学校，但孩子的成绩却不是很好。他在第二学期好好地努力之后，平均成绩达到了 4 级。我夸奖他，可他并不高兴。对他来说，这似乎不能成为他获得自信的成功体验，分数好像没有达到他的标准。若不能和他一直期待的那样，和哥哥姐姐上同一所学校，那么他又如何能获得自信呢？能独立并变得幸福吗？我为此担心不已。

我和孩子的班主任老师以及朋友都谈过这件事，大家都说没什么问题。我作为心理咨询师和来访者聊天的时候总是信心满满，但是换成自家的孩子就失去了判断力。

担心孩子是否能幸福，就证明我还是不够信任孩子。家长担心孩子，是因为自己有所期待而自寻烦恼。

这样对自己的价值观进行了一番检讨之后，我终于明白了自己是

如何被学习能力（头脑好不好）这种单一指标所束缚的。其实世界上
有很多事情能够证明人活着的价值，比如，"足球踢得很棒（运动能
力）""个子很高（身体条件）""很帅很有异性缘（美）""会弹钢琴或
者画画很好（艺术才能）"。孩子明明有很多能力，但是他却忽视了这
些，只是一味地钻牛角尖想着学习能力，用成绩来衡量自己的价值。这
样不一定就是错误的，学习能力当然是非常大的价值体现。但是，这只
是很多价值中的一种。人不能为了突出这一项价值而忽略了自己的其
他价值。

我想成为像我父母那样的人。我小时候可并没有明确地以这个为目
标，但是现在回想起来，父母确实是我前进的目标和动力。我想成为
实现父母价值观的人，从父母那里得到认可；而从赋予自己生命的父
母那里得到了认可，其实就是实现了自己的价值。

为了更加幸福的人生而接受高水平的教育是很重要的，但是学历并
不是一切。即便成绩不好，即便不能回应家人的期待，人也有获得幸福
的机会。这是再明显不过的事情了。但明白道理的我对自己的孩子却无
从下手，怎样才能给二儿子一点肯定呢？

我的父母、我自己、妻子还有其他两个孩子，都是通过学习能力来建
立自尊心的。父亲是东大毕业的，母亲是当年很少见的有名的女子学校毕
业的，我是日本国立大学医学部毕业的，长子长女也都考上了好学校。

二儿子将要去闯人生的第一个难关——高中升学考试。万一他没有
实现大家的期待，他应该如何获得活着的自信呢？我们整个家庭都不
知道该如何让孩子找到除了学习能力以外的获取自信的方式。现在社
会中应该有很多这样的人吧？但是我基本上没有接触和关注过；这次
二儿子让我意识到，我活到现在一直生活在如此狭窄的价值观中。

现在，我不知道自己能够给二儿子些什么，像这样的想法本身就是对孩子的过度担心。道理上我都是懂的，但是作为父亲我就是觉得很困惑。我应该放弃身为父亲的期望，去相信孩子通过自己的尝试所建立的价值观。虽然这么想着，但我还是想要给孩子创造一个能帮助他发现自己价值观的环境。

我期盼着能够无条件地给予二儿子认可。即便学习不行，爱胡闹也好，性格差也好，他仍是一个好孩子。我想要告诉他，他是一个有价值的人。他可能去不了好学校，也可能高中都毕不了业，也可能不会成为正式的公司职员，做着不稳定的工作。不管他的人生是什么样子的，对于我来说他给我的价值都是同样的。

对于父母来说，孩子是无价之宝，但是不能因为这样就溺爱他们，就对他们唯命是从。我要相信他们的内心是很强大的，去肯定他们的收获和努力。父母都想让他们幸福，想让他们觉得在这个世界上活着真好。但是，父母并不能够保证这些都会实现。我作为一个父亲并没有这个自信，这句话是我的心声。在旁观者看来这应该是非常单纯的想法，但是一旦成了当事人，我就陷入了惶惶不安之中。

以上就是我的家庭故事。像这样把所有的事情写出来，感觉经历了很多事情，但是又没什么特别的。不管是什么人、什么家庭，背后都有着不平凡的故事。可想而知，家庭是在很复杂的环境中维持平衡的。希望大家能认识到，不管是家中发生的好事还是坏事，都会对个人的人生体验有很大的影响。

我从二十多岁刚开始学习家庭治疗时，像这样已经无数次地回顾了自己的家庭，并以自己的家庭体验为养料来给来访者做心理咨询。之后每次再重新回顾自己的家庭时，我都会有更深的领悟。随着三十岁、四十岁、五十岁的年龄递增，每当我重新说起自己的家庭时我都会发现更深的意义。

心灵支援者有时候要做到感同身受，这是很重要的，要不断地在支援者和当事人两者之间来回切换。支援者也是从坎坎坷坷的经历中过来的当事人。如果能够好好地挖掘与利用自己处于当事人位置时的想法，我就能很好地成为一名支援者。找我咨询的来访者大多处在当事人的位置上。作为当事人把自己的体验整理一下，也是可以变成支援者的。我们在把内心深处的支援者的部分激发出来之后，就可以支援自己了。

对于我来说，这是我独自写作的第四本著作了。明明还有很多想写的内容，却不能按照我想的都表达出来。虽说我不太擅长写东西，但是我很擅长说话。因为心理咨询、演讲等原因，我会产生很多新的想法。像博客那种短文章写写还行，但我不擅长将其整理成书。因为我写着写着就会有新的想法，原稿也会越来越厚。

写书就有必要强调一下写书的必要性。虽然我希望妻子的去世成为我写书的重要契机，但是做起来却并没有那么顺利。我收集了很多演讲及临床记录，并且把这些片段整理出来，但是很遗憾这些东西不能被整理成一本书。

我与督导商量时，他建议我找一个经验丰富的编辑。于是，我就请到了曾一起共事过的斋藤弘子来帮忙，她帮助了总是拖稿的我。"总之，请拿出自信来，请你把对家人的心意表达出来。"她的这一句话让我意识到我没有自信。

　　说起茧居这个领域的研究，斋藤环先生非常有名。我和他是同一个大学研究室毕业的伙伴，在年轻的时候一起做过有关拒学者的临床研究。作为我的后辈，他写了几十本书，是这个领域的第一人。虽然我也出书了，但是说到底还是比不上他，所以我一直就这么拖着原稿，无法让书出版上市。

　　但是回过头来好好想一想，这正是我想传达给大家的想法：如果我们把自己的目标定得太高，可是却没有实现的自信，这样一来就只能一直放在手边，无法推进。写书也好、培养孩子也好、帮助年轻人自立也好，这些都包含着同样的道理。

　　与他人建立信赖关系能帮我们察觉到这一点。斋藤弘子对我说的"请拿出自信来吧"这句话让我转换了心态。是呀，不用非要和别人比较。"即便六成都没用，只要书的内容有四成有用不也很好吗？"我对于家庭疗法有自己独特的视角，我用这个视角支援过很多家庭，我只要把这些鲜活的案例如实写上不就好了？视角的转换改变了我停滞不前的状态。

　　本书的完成得益于很多人的帮助。除了以上提到的各位，还要感谢心理临床学家乔伊·诺顿、立命馆大学的加藤早惠子。另外，PHP 研究所的永久寿夫、白石泰稔、横田纪彦、细矢节子也给了我很多帮助。

　　除此之外，我要特别感谢在临床阶段与我一起度过的来访者们。在剖析茧居家庭时是他们给了我很多的灵感，让我深度钻研。我给了他们帮助，而他们也给了我作为一个支援者的生存意义，对此我感激不尽。

　　最后，向在天国一直守护着我们家的妻子——优子表示深深的感谢。

好书推荐

基本信息

书名：《幸福的科学：积极心理学在教育中的应用》

作者：曾光　赵昱鲲　等

定价：65.00 元

书号：978-7-115-47879-5

出版社：人民邮电出版社

出版日期：2018 年 4 月

推荐理由

★ 清华大学积极心理学研究中心推荐读物

★ 近百位教育者联合推荐

★ 中国积极心理学领军人彭凯平、清华大学心理学系咨询心理学教授樊富珉、北京大学学生心理健康教育与咨询中心主任刘海骅推荐作序

★ 清华大学积极心理学研究中心 5 年实践，全国近百所中小学超 15 000 课时验证的积极教育方案

作者简介

曾　光

◎ 清华大学—美国加州伯克利大学联合培养在读博士，国际积极教育联盟中国区特别代表。美国宾夕法尼亚大学积极心理学应用硕士，清华大学积极心理学中心积极教育课题组组长。国家教育部十二五教育研究课题积极教育子课题负责人。

赵昱鲲

◎ 清华大学积极心理学研究中心办公室主任，国际积极心理学协会驻华代表，美国《积极心理学日报》专栏作家。清华大学—美国加州伯克利大学联合培养博士，宾夕法尼亚大学应用积极心理学硕士。